U0111468

大展好書　好書大展
品嚐好書　冠群可期

大展好書　好書大展

品嘗好書·冠群可期

武學釋典 15

太極拳經論透視

蘇峰珍 著

大展出版社有限公司

❖ 序　言 ❖

　　太極「拳經」、「拳論」、「行功心解」、「十三勢歌」等都是太極拳的重要經典，從來修學太極拳者，莫不以這些經典作為學拳的指南，這些經典都是祖師前輩們修成正果後的精闢言論，也只有修煉到同一水準層次的人，才能稍微理解這些經論、歌訣是在說些什麼。

　　一般初學者對於剛接觸的太極拳原本就陌生的，而且對這些古文言的經論也覺得有些深澀的，雖然有不少名師，將太極拳的經論作了釋義，但都是偏向依文解義而已，對於太極拳經論真正的內涵，並沒有作出詳細的解析，無法使人從中獲益，不免有些遺憾。

　　筆者修學太極拳三十餘年，不敢說對祖師們遺留下來的經論、歌訣有多深入的理解，僅就自己練拳的些微心得，就教於方家，借此而拋磚引玉，希望能引出更多的論作，以利後輩學人，是為所願。

　　本書僅論述「拳經」、「拳論」及歌訣「十三勢歌」三部分，至於「行功心解」部分，拙作《行功心解詳解》已於2012年8月由大展出版社有限公司出版，請學者參閱指教。

　　本書原擬書名為「太極拳經論詳解」，唯因拙作已有「行功心解詳解」，故改名為《太極拳經論透視》，在此向讀者先於敘明。

太極拳經論透視

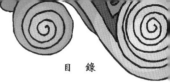

❖ 目　錄 ❖

第壹篇　太極拳經

太極拳經（原文）

　　一舉動，周身俱要輕靈，尤須貫串。氣宜鼓盪，神宜內斂。無使有缺陷處，無使有凸凹處，無使有斷續處。其根在腳，發於腿，主宰於腰，形於手指，由腳而腿而腰，總須完整一氣。向前退後，乃能得機得勢；有不得機得勢處，身便散亂，其病必於腰腿求之。上下、前後、左右皆然。凡此皆是意，不在外面。有上即有下，有前即有後，有左即有右。如意要向上，即寓下意，若將物掀起，而加以挫之之意，斯其根自斷，乃攘（壞）之速而無疑。虛實宜分清楚，一處有一處虛實，處處總此一虛實。周身節節貫串，無令絲毫間斷耳。

　　長拳者，如長江大海，滔滔不絕也。掤、捋、擠、按、採、挒、肘、靠，此八卦也。進步、退步、左顧、右盼、中定，此五行也。掤、捋、擠、按，即乾、坤、坎、離，四正方也。採、挒、肘、靠，即巽、震、兌、艮，四斜角也。進退顧盼定，即金木水火土也，合之則為十三勢也。

原註云：此係武當山張三丰祖師遺論。欲天下豪傑延年益壽，不徒作技藝之末也。

 第一章　一舉動，周身俱要輕靈，尤須貫串。

第一節　一舉動

一舉動，乃一舉一動，包括頭、身、手、足等全體之動作，從起勢到收勢，一舉手，一投足，前進後退，左右騰挪，一盼、一顧、一定，都屬於「一舉動」的範圍。

一舉動，廣義而言，是指周身全體之舉止動作，非局部之手動，腳動，身動，及眼神之顧盼動，所謂牽一髮而動全身是也。若你是你，我是我，你動你的，我動我的，各自分崩離析，互不相干，則變成支離破碎，不是一個整體，不可謂「一舉動」，只能稱之為「分動」、「各動」、或「亂動」。

動，先要意動，然後氣動、勁動；內動而後牽動外形齊動，內外相合，上下相隨，始謂之「一舉動」。只有「周身」內外的完整之舉動，才能達到「輕靈」的境地。

一舉動，是太極之始動，也是身體的初動，因為人身是一個小太極。太極之始動，是陰陽之分際，是虛實的初分，所以打太極拳，在無極式之醞釀中，要開始進入「初動」的「一舉動」之中，已然涵蘊著陰陽虛實的變

化，既有陰陽虛實變化，就要帶入周身的輕靈，使身體架勢達於不僵滯，令氣達於不結閉。

一舉動，在意念先動後，隨即丹田之氣接續而動，將氣引入腳底湧泉，由腳而腿而腰，節節貫串上傳於手，要完整一氣。

所以，一舉動是兼含外形肢體的連動，以及丹田之氣的運行周身。意動而氣動，氣動而勁隨，完整貫串，上下相隨，內外互合。

一舉動，是意、氣先動，牽動身體一起動起來，若沒有內裡的氣的牽引、鼓盪，那麼，這個「動」只是肢體之動，只是體操式的太極運動模式，不是真正的太極拳武功之修煉。

一舉動，是起心動念，所以，這個心念要純正、善良，不可存有妄想及不善之念，心念純善而隨之的起心動念，身體才能起到柔和隨順的效果，內氣才能通暢而無滯礙，這樣，修學太極拳才能使身體獲益，使功夫得到增長。

舉動，廣義而言，包含舉止與動作，所以，「舉止」在太極的初動當中，佔有非常重要的地位，也是常常被忽略、忽視的。「舉止」涵蓋面部表情、神情的從容、鬆放、安舒，所以，不論是在打拳架或推手、散打之中，面容都需要保持愉悅、安靜、自信，不能有緊張、輕忽、目中無人之傲慢相。服裝、儀容要端莊合宜；肢體語言及眼神的傳遞放送等等，都需存有恭敬與尊重的心態。這些都被涵蓋在「一舉動」的範疇之內。

有些人打拳，抿唇嘴，嘴唇閉得好緊，顯出內心的緊張和不安，落於不「安舒」的窘態，這種情形下，當然是無法達於「周身輕靈」的，這是舉止上的缺憾。

有些人打拳，東張西望，眼神飄忽閃爍，內心想著：「我拳打的這麼好，不知有沒有人在欣賞？」這是自己的虛榮心作祟。

有些人打拳，表情躁鬱惶恐，缺乏自信，擔心旁人評頭論足，在舉止上流落出散漫而不自在的神情。

打拳不是給人看，也不怕人家看，你看你的，我打我的，如處於無人之境，要遠離一切相。

執著於外相，則內心不能安，舉止不能定，在一舉一動之中，無法達於靜寂舒放，無法達於周身輕靈之境地。

所以，「一舉動」是涵蓋著周身每一部分的「舉止」與「動作」的，是涵蓋了表情神韻與肢體語言的，不只是局限於外表的動作而已，而是包涵著內心的安詳，以及舉止的平靜從容與動作的流暢柔順。

一舉動，除了肢體各處的連動之外，還有常被忽略的眼神的傳動。打太極拳固然要「神宜內斂」，眼神須往內收斂，往內觀照，但不能一直垂著眼，如果一直垂著眼，那麼，太極拳的神采、神韻就會蕩然無存，失去活潑的生機。所以打拳，眼睛的餘光是要隨著動作的游走、起落、開合、蓄放、動盪等等，而流露微細的察探與顧視的，也要因各個不同的動作而有不同的神韻之變動傳遞，不能一成不變，否則將會因為神情的呆滯，而影響整體的

協調與圓融，失去了太極之美。

　　一舉動，是「一動無有不動」的，是一動全身皆要俱動的，打拳架如此，在推手及散打中，更須如此。在推手及散打中常見的毛病，就是手的局部之動，是屬於拙力之動，屬於蠻力之動，沒有「由腳而腿而腰，形於手」，沒有「完整一氣」，落於鬥牛式的「斯技旁門」範疇。

第二節　周身俱要輕靈

　　「周身」，涵蓋身體外形的動作、招式，及身內的氣、勁、神，以神意領動氣勁而運之於外表之肢體，亦即以內在之意氣勁牽引鼓盪，而驅動肢節，全身內外整個貫串起來。

　　「周身」，包含步法、身法、手法。包含下盤的根之鞏固與靈活、上盤的手之掤勁的承載收放、以及中盤腰胯之鬆靈與丹田氣之鼓盪摺疊等等。

　　「周身」，包含皮膚表面、神經系統、筋脈骨膜等等。如果去練硬拳、硬功，靠著打沙包、劈磚、擊破等等方式，然後靠藥洗、傷藥敷塗，把骨骼、肌肉、皮膚練成如鐵一般堅硬，這是土法煉鋼，不是太極拳的修煉方法。硬拳、硬功所練出來的銅牆鐵壁，是死功夫，不值得羨慕，因為把皮膚、神經練死了，對於「聽勁」反應，是背道而馳的，以太極的角度而言，是走相反的路徑，永遠不能成就太極功夫，永遠得不到「輕靈」的效果與境地。

　　這個「周身」，是涵蓋外表的肢體動作，與內在的

氣的牽動、滾盪，以及比較抽象的精神、意識的傳遞，譬如，眼神的靈動與及神情韻緻的莊嚴安詳等等。如果眼神呆滯，神情寞落，憂鬱寡歡，或心事重重，烏雲彌漫，都是違反輕靈的原則。

「輕靈」，涵蓋了輕鬆與靈活。「輕靈」的先決條件，就是周身的協調，內外的一致，上下的相隨。「輕靈」，不是輕忽、浮動，搖擺不定；「輕靈」，要須能夠中定、平衡，虛實分清，變換得宜，快時不亂，慢時不滯。輕靈之中，還須沉穩，根盤要入地；若是腳根無樁，恁是多麼輕快，總是虛浮而搖擺，沒有實質內涵。

體內的氣尤須靈活變化，一吐一吞，一起一落，一沉一盪，一鼓一動、一蓄一放，在在都有規格，都有規舉，有節奏，有頻率。 若以硬氣功方式運為，總免不了僵固、呆滯、蠻橫、單調。

「輕靈」之輕，謂鬆而不懈，全身不著一絲拙力，外鬆而內沉，外柔而內剛，外如綿，內似鋼，所謂綿裏藏鋼是也。

沉勁須是透過「以心行氣，務令沉著」的修煉過程，長久積聚，氣乃能內斂入骨，匯集成極堅剛的內勁，有了這真實質量的元素，勁才能沉墜如千斤鼎。然而這沉墜如千斤鼎的沉勁，外表仍是鬆鬆柔柔的，只有透過接觸的實際體驗感覺，才能稍知其中的一點消息。所以「輕靈」不能離開「沉穩」；「沉穩」不能缺少「輕靈」。「輕靈」與「沉穩」是一體兩面，若是缺一，即不完整。

太極拳是體用兼備的，除了拳架的鬆柔順暢自然之

外，在應用方面是講求應變能力的，是要善於變化虛實的，而應變能力係來自神經系統及平常行為的慣性作用，所以就得依靠輕鬆靈敏的變化機制。輕靈可以減少對手來勢阻力的壓迫，及能量損耗的降低。

輕靈的前提，是沉勁。如果沒有「沉」，就會變成飄搖、浮躁，動盪不安，舉止輕率、莽撞。

沉勁，包含下盤樁功的沉，樁功要深沉入地，才能借地之力而快速輕靈的移動步法。

還有，丹田的氣沉，才能引動腰胯的擰轉，產生彈簧般的反坐力，這樣主宰的腰，才不會僵滯、呆笨。

再者，手臂要沉，在輕中帶有沉勁，才能在接觸對方時，產生「引勁」及「掌控」的機制，在沾黏中，拔動對方的根盤，使自己立於不敗之地。

「輕靈」不是指狹義的外在肢體動作而已，還廣義的涵蓋著精神靈魂的活潑、安逸、恬適等等。如果精神呆滯拙劣，靈氣鬱抑閉結，則儘管外面的體動如何的輕鬆，仍然還是沒有達到真正「輕靈」的境地。

邁步要如貓行般的輕靈，但它有前提要件，就是下盤的樁功要成就，樁法要穩固如山，而且氣要沉入腳底，一面身沉一面移步，這樣才能顯露出輕靈的感覺；如果邁步隨意略過，或呆滯的舉步而過，都是因為樁功沒有基礎的緣故，這樣打起拳架就很難看，也顯示功夫還不夠水準。

在散打時，出手或出掌向前打，前腳要同時向前跨出點地，然後迅速抽回歸位，準備第二波的攻擊。這前腳

的迅速抽回歸位，必得有彈性快速撐回，它有打暗樁的技巧，若是樁功沒有成就，則無法打下暗樁借地的撐持力而快速的抽回，這樣，步法的移動變換就會顯得呆滯不靈，不能達於輕靈的水準。

手的輕靈也是一樣，一拳或一掌擊出，也要如彈簧般的疾速抽回，這得腰腿要有彈抖勁，依靠丹田的鼓盪作用及兩腳的二爭力，促使腰胯去主宰而形於手，這樣，手的出拳才輕靈而快速。

腰的輕靈，要能如「蒼龍抖甲」般的抖盪，這也是要依恃兩腳暗樁的二爭力，及丹田氣的擰動，腰才能活動自如。

步法、身法、手法，下盤、中盤、上盤，涵蓋了周身整體的協調輕靈，也唯有周身的輕靈，才能在實戰中取到優勢，立於不敗之地。

第三節　為什麼周身俱要輕靈？

太極拳與其他武術不同，太極拳強調用意不用力、強調輕靈，輕靈的目的是減少身體能量的消耗，其他武術強調力量，是比較消耗體能的，太極拳是儲存能量、匯聚內勁的。

在用的方面，輕靈是聽勁及懂勁的階梯，只有輕靈才能在推手或搏擊時，作出有效的應變措施，在走化或接勁時，才能減少自己體力的消耗，在發勁時，因為輕靈的關係，使對方摸不著我的勁路，而達到「人不之我，我獨

知人」的懂勁境地。所以，太極拳經開宗明義的明示，從預備勢的初動至收勢的結動，全身都須保持輕鬆而靈活的，在鬆柔中要須顯示出太極內在的靈氣。

太極拳是內家拳，是表現內在靈氣的，不只是肢體的武動，不只是力量的展現。除了外表動作的輕鬆靈活，還要展露內在的靈氣與神韻，在打拳架時，要體現出外形如形雲流水般的柔順，以及氣勁的動盪與神采的飄逸。所以，這個「輕靈」是涵蓋身與心與靈的，身、心、靈俱要鬆透鬆淨，才能有輕靈的流露。

太極拳經為什麼把「一舉動，周身俱要輕靈」放在經典的首句？輕靈在太極拳裡到底佔到何等重要的地位呢？

一舉動，是太極之始動，也是身體的初動。太極拳架從預備式開始，從無極進入太極，而分兩儀。兩儀就是陰陽的分際；陰陽的分際就是身體虛實的初始變化。虛實的神變，它的前提要件就是輕靈。輕靈是得透過鬆柔與氣沉的洗鍊，才能達到的。因此周身的輕靈，是涵蓋很多條件的，如前所敘的樁功的成就，步法的靈活應變，丹口氣的鼓盪摺疊，腰胯的擰抖，手的掤勁等等，都是輕靈所必備的條件，這是指功體而言。

在推手實戰搏擊方面，則牽涉到聽勁及懂勁的層面，如果聽勁不敏，懂勁功夫未到，如何能有輕靈的演出？所以，拳經把「一舉動，周身俱要輕靈」放在經典的首句，它是強調「體」與「用」是俱要兼備的，唯有體用並蓄，才能達到輕靈的境地，才能成就太極功夫。

第四節　尤須貫串

貫串，是一節一節的貫穿串連，結合在一起。好像一顆一顆的珠子，把它貫穿成一串項鍊，由散粒結成一個完整的個體。

古時候的錢幣是圓形的，中間有一個正方形的孔，用線穿過多個錢幣的孔，使它連結成一串，就稱之為一貫錢，也就是所謂的貫串。

太極拳須具足「貫串」才能達於「完整」。外形一節一節綿密結合，一動全身皆動；內意、氣勁亦須綿密結合，不可有斷續處、不可有凸凹處、不可有缺陷處。

內意外形必須結合為一體，不可分離、切割，好像珠子連成一串項鍊，若珠子各自分開，即不得謂之項鍊；好像古錢幣串成一貫，才能稱為一貫錢。所以，外形肢體架勢必須有內氣的挹注灌輸，才能內外貫串。務須「其根在腳，發於腿，主宰於腰，形於手指；由腳而腿而腰，完整一氣。」始得謂之貫串。

若內外分割而不綿密結合，即不能貫串。不能貫串，周身即不得完整輕靈；若不得完整輕靈，即成呆滯、僵拙。

貫串，不只是肢體動作與內氣的串聯綿接而已，還要把精神、靈氣連結串接進來。如是將肢體、動作、氣勁、精神、靈魂全部熔為一體，才是拳經所謂的「貫串」，才是合乎太極所說的「貫串」內涵。

　　貫串，不只是各個關節連結在一起，各個關節還須有互相撐持、依靠的作用，也就是要根根串連而產生互持作用，若只是貫串相連，而沒有互相撐持、依靠，在發勁時就無法發揮完整一氣的整勁效果。

　　本章重點，敘述太極之形架與內意，在舉動之中，除了全身上下、內外都要輕靈之外，最重要的地方，在於「貫串」，在於「完整」，它強調貫串及完整的重要性，所以用了「尤須」兩個字，是加強語氣，提醒後輩學人，要須特別重視太極體用中的「貫串」與「完整」。

第二章　氣宜鼓盪，神宜內斂

第一節　氣宜鼓盪，如何鼓盪？

　　氣宜鼓盪，這裡所指的氣，是指體內含有質量的炁。

　　外面的空氣吸入體內，會產生物理變化，成為有量能的元素，如果能夠正確的去運行、培養，氣則騰然，而後沉澱、內斂，匯積入骨，累聚成極堅剛的內勁。

　　氣要如何令之鼓盪？

　　先敘鼓盪之義，鼓盪乃用力擊鼓，後續所產生的餘波盪漾，鼓皮一波一波的盪開，與空氣產生柔和共振，而餘音不絕。

　　到寺廟的大懸鐘，輕敲一下，它的餘音會嗡嗡的連

綿價響，沉沉的，悶悶的，用手按在鐘面上，會感覺鐘的震盪顫動，這就是所謂的鼓盪。

鼓盪，有一點像燒開水將要沸騰時微滾的狀態，水是微微的一波一波的盪開、翻滾，我們平常說：「水滾了。」就是水燒開了，燒開了就會有沸騰滾動的現象，這就是我們所說的「鼓盪」。

太極拳的運氣，就是透過動作的開合、提放、牽動、摺疊等等，去鼓盪丹田氣囊的氣，使它有升降、壓縮、衝激，這種肢體與丹田氣的配合所營造出來的氣的鼓盪作用，不只能令體內的五臟六腑得到運動與氣的溫養，促進氣血循環，使身體達到養生健康的效果，另一方面就是太極武功所追求的內勁，也是透過這種運氣的鼓盪，使氣產生騰然作用，氣騰然之後就會滲入筋脈骨頭之內，就稱之為「收斂入骨」，終而匯集而成一種無形的量能，這就是內勁。

太極拳的呼吸，以逆式法運行。吸氣時，將丹田微縮，使氣貼於背脊，令橫膈膜上提；吐氣時，丹田微鼓，使氣沉入丹田，令橫膈膜下壓。如此一上一下，使橫膈膜如壓縮機一般的來回運轉，使五臟六腑得到柔和的運動與氣息的溫養，這種內臟運動能使身體達成健康長壽的效益。

外邊的空氣從鼻腔被吸入咽喉，經過氣管到肺泡，以利氧氣與二氧化碳交換。肺臟位於密閉的胸腔中，橫膈膜就在肺臟下面，肺臟是靠著橫膈膜的上下移動而膨脹與收縮。

　　一般人的呼吸，氣息微小，只到胸部；練太極拳及內家拳運用腹式逆呼吸法，氣息可運到下腹的丹田，加上氣的鼓盪作用，可令橫膈膜增強壓縮，使周圍的腑臟被帶動而得到強化的運動效果。

　　丹田，位於腹腔中的網膜囊空間，這個膜囊可由行功運氣機制，令腹部漲縮鼓盪而變化大小，也因為行功運氣的關係，而增加了腹腔的體積空間。運用丹田的呼吸，使橫膈膜的上下移動，氣的質量比胸式呼吸增大許多，也使五臟六腑被氣的按摩幅度加大，使血液的流轉加速。而且，腹部的網膜囊也會愈來愈開擴，而能夠儲存更多的氣，這樣，丹田的氣就會愈來愈多，愈飽滿，這個貯藏氣的氣囊也就因此而厚實起來，形成一個保護膜，可以抗打擊的，可以在剎那間像安全氣囊一般的即刻鼓起，聽勁好的人，可以藉著丹田氣的鼓盪摺疊，做出接勁、走化、與回擊的反應。

　　人的腹腔，有一個網膜囊，我們所稱的丹田就是指這個網膜囊，因為每人練的層次不一樣，所以丹田這個氣囊就有大小之別；丹田的位置也就因人而異，有人說丹田是在臍下一寸二分或三分或五分，其實這是沒有一定的準確性的，丹田這個氣囊的開拓紮實飽滿，是因各人的功體成就而有不同的，因為丹田不是一個穴道，不是一個點位，它是一個容積體，它是一個氣囊，它就處在下腹的方位，所以不能說它是在在臍下一寸二分或三分或五分，這些說法都是值得置喙的。

　　丹田之氣圓滿紮實的人，他的丹田就比較開擴寬

廣，氣囊比一般的人大，比一般的人更富有彈性。

太極拳十三式行功心解云：「牽動往來，氣貼背，斂入脊骨。」在拳架的運行當中，以丹田之氣去牽動肢體，當身心俱鬆之時，如此的運氣，能使丹田之氣運達於背脊，然後收斂而深入於脊骨之中。十三式歌云：「刻刻留心在腰間，腹內鬆淨氣騰然。」只要時時刻刻的將心意留守在腰間的丹田，在腹內鬆淨時，在身心都鬆淨時，不用一絲拙力的去鼓運丹田之氣，氣就會慢慢的騰然起來。騰然之後而沉澱，日積月累，這股沉澱的氣，則匯聚斂成內勁。

隨著拳架或基本功的練習，身軀、腰胯、腹脊，就有不同空間的轉折，方向、角度，隨著肢體的前後、上下、左右、仰俯等等動作，而形成一個立體的動態局勢，裡面的氣也跟隨著如此這般的立體圓弧動轉滾盪，這就是氣之鼓盪。

氣的鼓盪，須靠意使神驅，配合肢體與呼吸吐吶，使氣在體內相互摩盪，而致生熱，而產生電能。練氣的人或練太極拳的人，功夫深時，可將丹田之氣，藉意念的導引，從尾閭牽引至夾脊，上至泥丸，然後往下回歸丹田。而且氣可兵分多路，運行至末梢手指勞宮或腳根湧泉，終而氣遍周身。此乃行功心解所謂之：「行氣如九曲珠，無往不利；運勁如百煉鋼，無堅不摧。」這些氣的運行周身，都得靠著丹田氣的鼓盪作用加上意念的牽引，才能達到效果。

以上所說的還是有形有意的鼓盪，要借重呼吸吐納

去運使丹田之氣，使氣達到牽動往來、往復摺疊的運氣效果。

深層的鼓盪是功夫行深時的一種自然所產生的共震共鳴作用，功夫成就時，自然會有這種氣的動盪產生，它是從身體深處流露出來，它是一種深層呼吸運氣法。

鼓盪就像下雨前，天空隱隱的悶雷之音，聲音深沉，卻能令人感受到雷音的盪動。

拳練到一個層次，可將內氣薰入腑臟，藉由丹田氣的鼓盪作用，使臟腑得到運動及氣的溫養，達到健康的效益及技擊的效果。

第二節　神宜內斂，如何斂入？

神宜內斂，神，指元神或俗稱的精神。練拳運功，元神、眼神、精神要往內收攝，說「白話」一點就是心念意識不往外放逸，元神不往外放射的意思。俗語說「心猿意馬」，常人的心思就像猿猴一樣，動個不停，永遠沒有安靜的時候；常人的意念像馬一般的奔騰，無法靜止。心神如果放逸、散亂，我們的內氣就會渾濁，會散漫，會衰微，無法凝聚，所以，氣需要神意來收攝、調伏。

精神能內斂、收攝，才能使氣不散亂，才能使氣凝聚。氣能凝聚，再用意念來導引，經過意念的導引，氣就能在體內鼓盪，而運行周身，而氣斂入骨，而成就內勁。

所謂斂，就是凝聚、檢束之意。神，凝聚了，約束了，我們的意識、意念就不會放逸，四處奔竄。

　　神要如何收斂？首先眼神內觀，往心內看進去，如有所思，若有所盼，似有所願，身心平平靜靜，柔和鬆淨，一心只觀想著氣的流動運行。

　　打拳時眼神隨著手指移動，似見非見，似不見而俱見。心神要照顧著氣，守著氣，不要讓氣走失。

　　行功心解云：「內固精神，外示安逸。」外示安逸，指外表軀體的中正安舒；內固精神，內裏的精、氣、神要能堅固，只有把神意向內斂入，心不放逸。

　　氣要鼓盪，必須神先內斂。神要內斂，則須身體鬆柔平和。神斂則氣聚，氣聚則勁生。神不斂則氣散，氣散則體衰，練拳不能得益。

　　茲引述太極拳張三丰祖師爺所著「學太極拳須斂神聚氣論」供參：

　　『太極之先，本為無極。鴻濛一氣，渾然不分，故無極為太極之母，即萬物先天之機也。二氣分，天地判，始成太極。二氣為陰陽，陰靜陽動，陰息陽生。天地分清濁，清浮濁沉，清高濁卑。陰陽相交，清濁相媾，氤氳化生，始育萬物。人之生世，本有一無極，先天之機是也。迨入後天，即成太極。故萬物莫不有無極，亦莫不有太極也。人之作用，有動有靜。動極必靜，靜極必動。動靜相因，而陰陽分，渾然一太極也。人之生機，全恃神氣。氣清上浮，無異上天；神凝內斂，無異下地。神氣相交，亦宛然一太極也。故傳我太極拳法，即須先明太極妙道，若不明此，非吾徒也。

　　太極拳者，其靜如動，其動如靜，動靜循環，相連

不斷，則二氣既交，而太極之象成也。內斂其神，外聚其氣。掌未到而意先到，拳不到而意亦到。意者，神之使也。神氣既媾，而太極之位定。其象既成，其位既定，氤氳化生，而演為七二之數。太極拳總勢十有三：掤、捋、擠、按、採、挒、肘、靠、進步、退步、右顧、左盼、中定，按八卦、五行之生剋也。其虛靈、含拔、鬆腰、定虛實、沉墜、用意不用力、上下相隨、內外相合、相連不斷、動中求靜，此太極拳之十要，學者之不二法門也。

學太極拳為人道之基，人道以養心定性、聚氣凝神為主，故習此拳，亦須如此。若心不能安，性即擾之；氣不能聚，神必亂之。心性不相接，神氣不相交，則全身之四體百脈，莫不盡死。雖依勢作用，法無效也。

雖求安心定性、斂神聚氣，則打坐之舉不可缺，而行功之法不可廢矣。學者須於動靜之中尋太極之益，於八卦五行之中求生剋之理。然後混七二之數，渾然成無極。心性神氣，相隨作用，則心安性定，神斂氣聚，一心之太極成。陰陽交，動靜合，全身之四體百脈，周流通暢，不黏不滯，斯可傳吾法矣。』

這邊，祖師有說到：「學太極拳為人道之基，人道以養心定性、聚氣凝神為主，故習此拳，亦須如此。若心不能安，性即擾之；氣不能聚，神必亂之。心性不相接，神氣不相交，則全身之四體百脈，莫不盡死。雖依勢作用，法無效也。心性神氣，相隨作用，則心安性定，一心之太極成。」

我們學太極拳要遵從祖師之教誨，要以養心定性、

聚氣凝神為主；心不能安，性即擾之；氣不能聚，神必亂
之。行功心解云：「先在心，後在身。腹鬆，氣斂入骨。
神舒體靜，刻刻在心。」練太極拳先要養心定性，心安性
定了，才能神斂氣聚。也只有心安性定，才能腹鬆氣斂入
骨。心性神氣，是相隨作用的，所以，神之內斂，先求心
安性定。而且，祖師說：「氣不能聚，神必亂之。」欲求
神之不亂，欲求神之內斂，是要聚氣的，所以修習太極拳
當以養氣、聚氣、練氣為主。

　　有人主張太極拳不需練氣，認為練太極拳與氣扯不
上關係，在網路上爭論不休。在這邊張三丰祖師說：「人
之生機，全恃神氣。氣清上浮，無異上天；神凝內斂，無
異下地。神氣相交，亦宛然一太極也。故傳我太極拳法，
即須先明太極妙道，若不明此，非吾徒也。」若是練太
極之人，卻一直唱反調的說練太極拳與氣扯不上關係，一
直扯祖師的後腿，乃是祖師所說的「若不明此，非吾徒
也」，所謂「不明此」就是不明白太極之妙道，不明白神
氣相交宛然一太極之理，所以斯輩不只是「非吾徒」而
已，簡直就是叛徒了，是祖師的叛徒，是太極拳的叛徒。

第三章　無使有缺陷處，無使有凸凹處，無使有斷續處

　　太極拳的體與用，皆不可以有缺陷之處，不可以有
凸凹之處，不可以有斷續之處。分述如下：

第一節　缺陷處

以拳架而言，不平不整謂之缺陷。重心失去平衡，沒有中定，謂之缺陷；虛實變化不靈，陰陽沒有分清，含混略過，謂之缺陷；沒有貫串，完整一氣，謂之缺陷；身形不協調，上下不相隨，左右不對稱，內外不相合，謂之缺陷。

如果只有外表的拳動，而沒有內在的氣的鼓盪與運勁作為，及太極特有的神采靈氣，都是屬於有缺陷的。

以推手或實戰而言，無法使出整勁，勁不接地，沒有其根在腳，發之於腿，主宰於腰，謂之缺陷。

鬥牛式的推手，以蠻力取勝，以頂抗為能事，是太極拳最大的缺陷，因為違反太極拳捨己從人的原理原則。

太極拳的推手是講究「一羽不能加」、「蠅蟲不能落」的，這是捨己從人的功夫，這是聽勁與化勁已臻成熟的功夫。如果沒有這種功夫，當對方來力、來勢著到己身時，會將全身架設一道銅牆鐵壁，去頂抗，想以此而立於不敗之地，豈知遇到高手，越頂抗就越容易被打出去，因為讓對方有著力點的關係。

所以，以蠻力頂抗或以蠻力取勝，都是屬於有缺陷的。頂抗是一種著力，會阻礙神經觸感的反應機制，使聽勁永遠停頓於呆滯不敏的境地，是智者所不取的。高手走化，只是身體一鬆，氣一沉而已，不會去頂抗，也不是身體前俯後仰，歪七扭八式的膚淺逃竄。

　　練習推手，要輕鬆的玩，推手不是拼命，不是鬥力，推手不是要勝過別人，不是把人推出去或摔倒。推手是透過沾連黏隨的體驗，使觸感神經產生靈敏的自然反射作用，在搭手接觸中，去探知敵情，預知消息，達到制敵機先的效果。若是不從基礎練起，初習推手，就像拼命三郎，這樣的練法，即使暫時能享受勝利的表相戰果，但是對於真正的太極功夫的達成，是背道而馳的，是走相反的路的，想達到太極武功的深層水準，是永遠不可能的。所以，鬥力是太極拳最大的缺陷。

第二節　凸凹處

　　上下起伏不定，忽高忽低，搖擺不穩，飄浮無根，都會形成凸凹處。

　　神離、意斷、氣不順遂，會形成凸凹處。發勁著力，腳未接地，手腳分段離析，易形成凸凹處。

　　發勁氣不凝，著了拙力、蠻力、硬力，會形成凸凹處。

　　凸凹就是不平整，譬如，打拳架沒有中正安舒，落於彎腰駝背，或者聳肩提肘，使氣不能落沉。沒有落胯或者塌膝，使得中、下盤沒有支撐依靠力，是屬於凸凹的範疇。不能支撐八面，虛實變化不靈，會形成凸凹處。

　　樁功沒有成就，氣不沉於湧泉，不沉於丹田，會形成湧泉無根腰無主，身形易於飄浮不定，就有了凸凹處。發勁時，樁沒有入地，不會打暗樁，不能借地之力，無法

營造摺疊反彈勁，在奮力推人時，根盤浮起，身體前傾，是標準的「凸凹」。

走化時因為樁功沒有成就，只能靠著身體的扭曲晃動，似「糊溜」一般的逃鑽竄躲，是時下典型的「凸凹」。

掤勁沒有成就，推手時無法以載浮載沉而富有張力的掤勁去承載對手的來勢，而是靠雙手去頂抗，或死纏的抓住對方，或摟抱頑抗，都是常見的「凸凹」處。

氣不平順，或刻意努力鼓氣，臉紅脖子粗，或手指亂顫抖動，裝模作樣，籠罩不識者，依然類屬「凸凹」層級。

第三節　斷續處

斷續就是斷離不連接之意。打拳架沒有如行雲流水，滔滔不絕，綿綿密密，把動作分開使運，沒有透過摺疊、轉換把上一式接續貫串起來，即成有斷續之處。

發勁時，意與氣不相合，氣與勁不相合，沒有完整一氣，則落於斷續之病。

沒有其根在腳，發於腿，主宰於腰，形於手，沒有把它一氣呵成，即是落於斷續之處。

最大的斷續處，在於「氣」與「勁」的不相連接。氣不完整，沒有完整一氣，以及沒有達於「整勁」的境地，是太極拳最大的斷續處。

氣與勁是有相互關係的，勁是氣的結晶，勁是氣的

飽滿匯集而駐存於體內的一種不可思議的量能。內勁成就後，在發勁時，透過丹田氣的引爆，能使這個不可思議的量能瞬間反射出來。所以，這個內勁量能的疾速爆破是迅雷不及掩耳的，因為它是整體能量的一種氣爆破，是沒有斷續的。

拙力式的出拳，因為有時空差距的因素，因為有時間與空間的阻礙分隔，所以，這個拳無論出得多快，它還是有斷續的，只是我們的肉眼無法察覺而已。

為什麼會形成斷續現象？

在拳架演練中，在牽動往來中，沒有去營造摺疊省力機制，沒有摺疊就會有斷續，因此「摺疊」是拳架中往復相接的橋樑，沒有這個橋樑，這拳打起來就「離離落落（台語）」，就一招是一招，它不是「長拳」。

太極為何又名「長拳」，因為它是一招連接一招，之間沒有「斷續」，看起來就是一招到底的，因為是一招到底的關係，所以從起勢到收勢，看起來就變成很長，因為是一直連續不斷的關係，因為看不到它的接續之處，因為綿綿貫串的原故，好像圓之無端。

圓型之物，你看不到它的起點與落點，因為它沒有接續之處，因為它是無端的原故。太極拳是走圓弧的，所以也看不到它的端，它是陰陽互濟互補的，陰的少一分，陽的就多一分，永遠處於中道的。

「摺疊」就像彩帶之舞，一紋接一紋；「摺疊」就像長江之浪，一波接一波，它在往復之中，扮演著立體螺旋的接續，在往復之中，崁入這個「摺疊」，使這個圓弧

變成「無端」，變成沒有「斷續」。

這個「摺疊」，不僅是肢體關節的圓環銜接，還涵蓋深層內涵的氣與勁的銜接，如果缺乏了內裡氣與勁的銜接，這個「摺疊」還是有缺憾的，因為它沒有「內外相合」，沒有內外完整。

有缺陷之處，有凸凹之處，有斷續之處，這三處，若落到一處，則身便散亂；身散亂，則氣不凝；氣不凝，則勁不聚，在實戰時就不能得機得勢；不能得機得勢，則是挨打。

第四章　其根在腳，發於腿，主宰於腰，形於手指；由腳而腿而腰，總須完整一氣。向前退後，乃能得機得勢。

第一節　其根在腳

其根在腳，是指運勁或發勁的時候，它的基本根源是在下盤的腳。

腳，概指腳掌、腳根而言，練武的人則喜歡稱之為「湧泉」，而事實上湧泉只是一個腳底穴位的名稱。從文字上看，大家都可理解，但其根在腳，指的是腳必須有根，樁須入地，氣須深沉於腳底。

腳，就像大樹的根，根盤要深入地底，樹頭如果入

地穩固，就不怕樹尾做風颱，相反而言，若是根盤沒有入到地底，稍有風吹草動，就會因為頭重腳輕，根盤浮起而倒下。

其根在腳，可分兩個層面而敘。

第一，練拳架或基本功，每個微細動作，都要從腳根而起，藉由丹田氣的挹注輸運，使腳根的暗樁深入地底，如此的借地的反坐力而牽動身手，而營造出層層疊疊的阻力，加速氣的流通運行，這也是運勁的正確作為。

第二，在推手或實戰時的發勁，必須是其根在腳的，若是沒有借助腳根的暗樁打樁入地，讓地面因受到腳樁入地的壓力而產生反坐力，借著這個反坐摺疊的勁道去完成發勁動作的話，那麼，這樣的發勁就變成使拙力的蠻幹範疇，不是會發勁之人。

想成就其根在腳的樁功，每天都要站樁，練基本功，打拳架，而且要持續不斷，才能稍有所成。這個樁功，不是以蠻力硬撐，不是練腳力、練腳酸，而是練氣的沉斂。

打樁要以意念引氣下沉，令氣墜沉於腳底湧泉，久練即能生根入地，像磐石般的堅實而屹立不搖。

樁功成就後，要會打樁，打的是暗樁，不會發出巨響。正確的打樁，是樁功成就，內勁成就，內氣成就圓滿，在意到時，已然氣到、勁到，完整一氣的打樁入地。打樁，看不到身形，看不到曲膝，只是氣一沉、一凝、一聚而已。若是看到屈身彎腰曲膝，將身體蹲低再奮力挺起，都是不會打樁之人。

　　椿者，地基也。沒有椿功作基礎的拳術，沒有其根在腳的太極拳，即是王宗岳老前輩所說的「非關學力而有為」的「斯技旁門」。

第二節　發於腿

　　腿，指人體的下肢，包括小腿及大腿，從腳踝而上至胯骨，都是屬於腿的範圍。腿，它的功能除了行走之外，還有支撐身體重量的作用，人類是直立的動物，由於需要分散全身體重的關係，腿部尾端的腳掌會呈現較寬大的結構，以便維持身體的平衡。

　　發勁是其根在腳的，所以，腳掌腳底就是發勁的根源所在。

　　腳根依藉丹田氣的下注，打下暗椿，產生摺疊勁，向上反彈回傳。當勁源反彈而上傳時，必須靠腿來吸納接續這個勁路，至終點而形於手。所以，發於腿，正確的說法，應該說上傳於腿。

　　發勁如果沒有其根在腳，而誤以腿來發勁，是容易使上蠻力的，也會形成蹋膝的現象，而使身體失去中正平衡，失去了支撐力點，越使力則身體將越虛浮。

　　腿，涵蓋著踝、膝、胯。這三者之間的角度，支撐力點必須恰到好處，要須能「支撐八面」，絕不可有蹋膝、浮胯情況，踝骨更須落沉，這樣才能「其根在腳」，氣才能下達湧泉腳底。

第三節　主宰於腰

主宰於腰的腰不是指外形的腰部，如果說腰是一身的主宰，那是指內裡腰部的丹田氣而言。

腰處於人身中部，它在動作時只能主宰上半身，因為上半身是中空的關係，而下半身因為有立足點的腳貼於地面，所以，外圍的腰是無法主宰下半身的，故說外腰不是全身之主宰。

所以，「主宰於腰」的腰，是指內裡的丹田而言的，丹田就如同車子的引擎馬達，是一部車子的原動力，而方向盤及車輪雖能主宰車子的方向，但它只是主宰外圍的，若是內裡的引擎馬達沒有動力給它，它還是動不了的。

太極體用全歌云：「湧泉無根腰無主，力學垂死終無補。」湧泉無根是指下盤沒有根基，沒有基礎。下盤，是人體的基座，基座穩固了，太極的功體基礎才算有個初步的成就。「腰無主」，是說腰沒有主宰。

腰以什麼為主宰呢？以氣為主宰，如果沒有透過意守丹田的長期修煉過程，丹田之氣不能凝聚充足飽滿，這個腰就無法作主，就不能以意念去主宰腰的運行，無法發勁，無法接勁。練太極拳如果沒有練到「湧泉有根，腰有主」，都只是天馬行空而已，這樣，練拳一生，雖然努力學習到老到死，終究得不到一點補益，終究是被外家所貽笑的花拳繡腿。

　　湧泉之根，下盤的基座，也是靠丹田之氣的補養、運輸，沒有丹田之氣，這個基座的樁功也是無法成就的。所以，一切功法，都是以腰為主宰的，所有功架的練習及發勁之用法，都是主宰於腰的，這個腰是指丹田，不是侷指腰圍，不是肢體上的腰部，它是指內的，不是指外的。無論行功走架，或是發勁接化，不能缺少這個丹田之氣。會發勁的人，只是丹田之氣一凝一聚，下盤之根打入暗樁，勁已爆破而出，外表形體是看不到些微動作的。

　　太極拳論云：「立如平準，活似車輪。」這邊所說的「活似車輪」，是指在外的形體上的腰圍，是指肢體的腰部。腰部要活似車輪那麼靈活輕巧，當然要靠在內的丹田之氣的靈活鼓盪作用，才能使之跟隨著連動起來，靈活起來。外圍腰的靈活，要靠下盤樁功的穩固，暗樁能打得入地，還有其根在腳的二爭力，但這個二爭力及打樁，終究還得靠丹田之氣的驅動才能完成。所以，丹田之氣，是太極功夫的主宰，是所有內家拳功夫的主宰。

　　行功心解云：「氣如車輪，腰似車軸。」這邊所說的腰似車軸的腰，是指丹田之氣而言，是以丹田之氣為主軸，以丹田之氣為軸心，帶動出外表形體腰圍的氣場，這個氣場像車輪一般的滾動；也就是以在內的丹田之氣為軸心為向心力，引動在外的車輪腰圍為離心力。無論行拳走架或 發勁，這樣解釋才說得通，若依字面去求解，就會產生矛盾，因為字面上的腰在外圍，無法做為內面的車軸，只有內裏的丹田之氣才能做為軸心，做為主宰。所以，這個「腰」字是指丹田的。

第四節　形於手指

由下而上，終點在手指。手指是接觸對手的所在，手指是末梢，若要發出強而有力的勁道，則手臂的「掤」勁是不可少的，如果手無掤勁，力到末梢，已成強弩之末，無法完成整勁。

形於手指的「形」字，是「表現」之意，要將太極拳的靈魂表現在手指上面，拳經在這邊的遣詞用字是用這個「形」字，它不說「由腳而腿而腰，達於手指」或說「由腳而腿而腰，傳於手指」，雖然它有達於手指及傳於手指之意，但它卻用了「形」字，顯然是有特別意義的。「形」字，它除了到達及傳遞之外，是要「表現」出太極的美感藝術與靈氣的。

太極靈氣的展現，除了眼神的靈動、放射、斂攝之外，在肢體之中，只有手指能透徹的表現太極拳的靈魂。所以，在拳架的運使當中，手指是多采多姿的，是有靈氣在裡面運轉的，不能呆滯死板，一成不變。

在拳架之中，如何形於手？手是太極拳的靈魂，在打拳架時，手是有內涵、有生命的，不可像機器人或殭屍一樣的泥滯、僵直。在拳架或用法之中，手的表現，不能是軟趴趴的，有些地方需要立掌或坐腕的，要表現出氣勁的游動、曲伸、鼓盪及摺疊等態勢。

拳架當中，手該鬆柔的時候就要鬆柔，該坐掌的時候就要坐掌，若不坐掌，腕部則無根，氣不沉斂；發人

時，手腕欠缺依靠力，沒有一個根底，沒有一個基座讓它依靠，發勁定當不實，不沉，不能深透入裡。

　　拳架中的手，該直則直，該彎則彎，應鉤則鉤，應立則立，配合著氣勁的運作，才叫做「曲蓄而有餘」，才叫做「曲中求直，蓄而後發」，才叫做「似鬆非鬆，將展未展」，不宜一成不變。若是一頭到底都是軟弱無根的，失去了中道原則，在推手實戰的運用中也不能「因敵變化示神奇」。

　　在推手運用之中，手的靈活運作相當重要，要像龍蛇之腰一般的靈活而有勁道，尤其是指、掌與腕部的轉換，更必須神靈活現的，這樣才能沾黏連隨對方，使對方在自己的掌控之中。在實戰中要掌控對方，除了聽勁的靈敏之外，還得靠指、掌、腕的靈活巧變，如果指、掌、腕不能靈活變化，不僅無法「示神奇」，必將永遠變成「挨打的架子」。

　　發勁，靠的是「節節貫串」、「完整一氣」、「根根相連」。踝、膝、胯、脊、肩、肘、腕，都是身體各部的「根」，缺一即不完整，缺一即不是「整勁」，缺一就會形成「斷勁」，因為沒有相連，沒有貫串成為一個整體。

　　手是拳的靈魂之一，凡有活動，必定有曲折，這樣才能保持靈活，否則，我們身體的骨骼架構就不需有那麼多的關節，天生賦予的關節架構，就是讓我們能靈活的運動，若捨而棄之，不是智者。

　　王宗岳老前輩的拳論說：「無過與不及，隨曲就伸。」要伸展的時候，需先彎曲；曲是蓄勁，伸是放勁，

有曲有伸則蓄放始能完整貫串，任何事情都要取中道。

坊間有人打太極拳，手指一直不停的抖動，說之為抖勁，其實抖勁並非如此這般，抖勁不是只有手指局部的抖動，真正的抖勁是丹田氣的疾速鼓盪作用所引生的全身爆發勁，它的抖是全身整體整勁的抖，它的抖是有震撼力及爆破力的，而且它的抖只是剎那抖動即止的，發完勁就要鬆掉的，不是整套拳架都從頭到尾抖個不停的像巴金森氏症一般。

抖勁是內勁成就者的試力、發勁練習動作，內勁未成就的人，如果一開始就練這些抖勁、發勁的動作，不僅不能成就內勁，而會墮入拙力方向，永遠不能成就太極拳功夫；而且因為初練時，還不會運氣，刻意的去做抖勁發勁動作，對於健康養生而言，是有反面的效果。

太極拳涵攝剛柔之美、動靜之機、陰陽之體、虛實之巧，整體內外之表現，皆須符合中道原則，該曲則曲，應伸就伸，該鬆則鬆，該抖才抖，過與不及都是不宜的，無意不對，刻意也不對，要因敵變化而示神奇，這才是智者的太極拳。

第五節　由腳而腿而腰

此句後面應多加兩個字「而手」。由腳而腿而腰而手，才算一個整體，配合下一句的「總須完整一氣」，才能真的算是完整一氣，如果只到腰，則算是「腰折」，有中斷，不得謂之完整一氣。古人寫文章喜歡簡略，雖然拳

經上雖只寫到「腳而腿而腰」，事實上是涵蓋了手的，所以讀經看論，不能依文解義，斷字取義。那麼，由腳而腿而腰而手，它不是分段一節一節的上傳，而是同時同步貫串為一個整體，若是節節分散則成枝離葉散矣！

腳、腿、腰是屬於下盤的基座，腿腳是全身的支撐的力點，拳架打的是否沉穩，全身是否輕靈，完全要看這下盤雙腳的樁功是否成就。依人體而言，腳腿是健康的指標，腳腿如果敗壞了，健康也會隨之而走下坡。

拳諺云：「手是兩扇門，全憑腳打人。」又說：「手打三分，腳打七分。」這意思並不是說在搏擊時大部分由腳來作攻擊動作，而是說在發勁攻擊時，是靠下盤的樁功打樁而借地之摺疊勁道而為的，它的攻擊主力，由腳而發，腳是佔了七分的地位，手只有佔三分。從太極拳架的角度而言，太極拳是主張不用手的，手在整體來說，它是處於被動地位的。

練腿，除了拉筋的基本功操外，還是一句老話「站樁」。站樁是練腿功最好的方法，不再贅述。

第六節　總須完整一氣

上面的分敘，必須以這句來總結。所以此句宜特別留意「總須」二字。「總須」，強調了全部、必須，不可或缺，若缺乏了少分，即不得謂完整。

完整，非局限於外表肢體的完整，還得包括內裏的意、氣、勁的完整，若缺乏內裏的意、氣、勁，則成為只

有外而無內，變成內外不相合，失去了整體的協調性。如果缺少意、氣、勁的內涵，也只是空殼子一個，不得謂之完整一氣。

所謂完整一氣，就是整勁的意思。

何謂整勁？整勁就是意、氣、勁的完整結合，是三合一的，是缺一不可的。氣的完整，是需要意念去引動的，太極拳講求的是「用意不用力」，要用意念、心念、意識去帶動氣的流行，達到氣遍周身，達到行氣如九曲珠。在腹內丹田之氣臻於鬆淨之後，而令氣騰然起來；氣騰然後而收斂入骨，匯聚成不可思議的內勁量能，這個過程，就是意、氣、勁的完整結合。

在推手或實戰搏擊之中，因為意、氣、勁功體的成就，在應用時，只要一作意，只要心念一閃，則能意到而氣隨，氣動而勁生，意到、氣到、勁到，三者同時同步而到，這就是整勁，這就是完整一氣。也因為意、氣、勁三者的同時同步到達，三者的完整一氣，它在發勁之時，才能迅雷不及掩耳，才能後發先到，因為這個發勁，是一種氣爆，沒有時間與距離的阻礙。

完整一氣，必須做到湧泉、丹田、脊背一起連動。湧泉泛指腳根，脊背是指從尾閭、脊椎到肩胛。當我們運氣時，一個作意，把丹田氣作意從腳底的暗椿入地上引至尾閭、脊椎到肩胛，而形於手，中間是有由腳而腿而腰而形於手的，會運氣的人，氣一運上來，是整片概括的，不是分級分段運使，整片概括了才是完整一氣。

意、氣、勁三者結合而且完整，才可謂之完整一

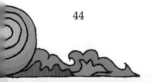

氣。勁，是氣的結晶，是先得透過氣的圓實飽滿，然後令氣沉斂入骨，始能累生內勁。內勁未生之時，只能謂之運氣，不能謂之運勁。氣與勁之運行，靠的是意的導航，意要產生作用，內心必須極為安靜與專注。打拳若是分心打妄想，就是意念紛飛，意念不集中專注，氣就跑掉了；氣不凝聚運行，無法產生騰然作用，無法收斂入骨，無法成就內勁，如是則練拳無益。

第七節　向前退後，乃能得機得勢

向前退後，是指前進後退，當然也涵蓋了左右騰挪等等的走化機制的。

機是機會，指時間而言；勢是勢力，指空間而言。時間與空間都掌握得宜，謂之得機得勢。

欲得機得勢，必須具備「完整一氣」的整勁條件，而欲達到「完整一氣」的目標，首先得透過推手的練習，學會聽勁，而後懂勁，才能知己知彼。能以靈敏的神經觸覺反應及神明的直接感應，而洞觸機先，那麼在前後左右移位，及變化方向虛實中，才能「得機得勢」。

一般學武術的人，大都知道發勁是甚麼，但真正會發勁的人並不多，甚至把發勁當作是一種力量配合肢體動作與速度結合的一股連貫性的作用而已。

至於聽勁，練太極拳的人認識較深。所謂聽勁，是用身體肌膚及神經觸感，去刺探消息，去偵查敵情，去感覺對手攻擊來力的大小、方向及來龍去脈，以沾連黏隨等

方法，掌控對方使力的意圖，而掌握先機，克敵制勝。

聽勁是一種神經覺受的反應，是每個人都天生具備賦有的，只是有靈敏與遲鈍的差別。透過訓練，透過明師的口傳身授與親自餵勁，可以將潛能開發出來。

餵勁，是一種高度的技法，少有人懂。餵勁，並不是指老師有內勁，然後把本身之內勁傳達灌輸給學生，內勁只能靠自己去培養鍛鍊，儲存聚集，本身內勁之體練就了，才能藉由老師的一些動作、勢法，把你已練就潛在的內勁開發引導出來，讓你會用、會使，慢慢知道如何走化，如何發制於人，如何以靜制動，如何搶先機，如何變化虛實，如何引君入彀，裡面有很多技巧。

至於發勁，先決條件就是你已把你的「體」練就了，所謂「體」，包涵下盤根力的入地生根、手的掤勁、及丹田的完整一氣等等。

聽勁與發勁雖是兩種不同的技法，卻有關聯性。你雖練就了內勁，也知道發勁的要領，但你的勁發到對手身上，是否能命中，是否能發生制敵的效果，那就牽涉到很多的技巧。譬如時機的掌握，身勢的控制，能不能得機得勢，那就得靠你的聽勁感覺反應等多方面的配合，才能得心應手。

內勁是體，聽勁是用，體用兼備，才是好功夫，體用兼備，才能在向前或退後中，得機得勢。

使力的前奏，先得有一個「勢」，亦即借勢而使力，若無這個「勢」，力量使出來將是事倍功半，而且那個力將是孤單的，將是笨拙呆滯的。有了這個「勢」，在

使力運勁時，就能事半功倍，順水推舟，達到借勢使力的省力原則，

太極拳是不用力的，所以要借一個「勢」來完成那個「勁道」。

這個「勢」要從哪裡借起，拳諺云「力由地起」，太極拳經云「其根在腳」，這是說，要借那個「勢力」須從腳底而起，由腳借地之力。那麼，要如何借地之力呢？如果缺少那個「勢」，力是無緣而借的，這個被借助的緣，就是丹田之氣，借著丹田氣的鼓盪，將氣運達腳底，產生一道摺疊的反彈勁道。這邊還牽涉到樁法及打樁的應用，如果樁功沒有成就，如果不會打樁，而只靠著微劣的「身勢」去上下起伏蹲曲，這樣，這個「勢」借起來是不完整的，因為只有「外勢」沒有「內勢」，沒有「內外相合」，形成一種「缺陷」。

勢與力有其相互之關係，與相輔相成的作用。太極拳，從拳架方面而言，這個「架」是務須借「勢」的，如果沒有「勢」作前鋒，那個架就顯得吃力而有滯礙，周身既不得輕靈。從推手或散打的方面而言，沒有「勢」為導，就是蠻力，就是死纏濫打，只是鬥力而已。

借勢有借對方的勢，也就是說對方有一個勢力來，我依其來勢，借其力而使力，也就是「借力打力」，這個「借力」是涵蓋著「勢」的。「勢」，是說對方有一股來去的跡象力勢，是他的形勢已經在集結當中或已經成形，有一股勢力之張顯，為我所預知，我即像運轉滾動的木石一樣，將對方已成之勢力，來贊助我身的勢力，將兩

股勢力整合，合而為一，這個勢就像轉動圓石從山頂滾動
而下，使這個「勢」無法可擋，太極的發勁，就是如此這
般。

如果敵不動，我將如何借勢？只有用「引」，引動
他。這個「引」，功夫是極深的，否則引不動對方，引不
動則無勢可借，變成蠻打硬取。

「引」，要練出「沉勁」，丹田氣夠沉，腳底的椿
功夠沉，手的掤勁夠沉，你的手輕輕搭在對方身上，就能
撼動他的根盤，他就會動、會抗、會頂，會作出一個反應
動作出來，也就是會作出有動、有抗、有頂的「勢」，
這個「勢」是由我把他引出來，逼出來的。對方有這個
「勢」被引起誘發出來，要借力將其打出，就變成輕而易
舉了。

得機得勢，是時間與空間掌握得宜，得到了機會與
勢力。在詭譎的戰鬥中，時間與機會是稍縱即逝的，要得
機，沒有時間可等，沒有時間可以觀察，要掌握這個機會
時間，靠的是自然反應，靠的是聽勁的靈敏，只有達到懂
勁的功夫，才能處處得機，才能知己知彼，得機，就是知
彼的功夫。

得勢，就是掌握到空間勢力，彼方之勢力，彼之來
跡去脈瞭若指掌，彼之勢將發或未發均能預知，在彼之勢
將成形時，予以破壞，使其不能得勢，或予以牽制，使其
勢力無法發揮。

另一種得勢，就是撥亂反正，也就是說對方的勢力
已經逼近己身，使出捨己從人功夫，讓其勢力不能及於我

身，這是一種虛實變化，將其加諸己身的勢力著力點轉虛，使其沒有著力點而落空，彼之落空就是失勢，我乃轉成得勢，這是虛實變化的一種得勢。另種就是引進落空的得勢，這是我方主動的去引他，讓他入於我的轂中，來一個甕中捉鱉。

得機得勢全是一種懂勁的功夫，只有體用兼備的人才有這個能耐。

第五章　有不得機得勢處，身便散亂。

不得機得勢，就是處於敗勢、劣勢，處於挨打的地位。因為時間與空間的勢力與時機都失去了，只有被跌放出去。

得機得勢的要件，不完全在外形身手的快速，而是內裏觸覺神經及神明的反應之靈敏。

王宗岳太極拳論云：「斯技旁門甚多，雖勢有區別，概不外乎壯欺弱，慢讓快耳。有力打無力，手慢讓手快，是皆先天自然之能，非關學力而有為也。察四兩撥千斤之句，顯非力勝；觀耄耋能禦眾之形，快何能焉！」

這裡很明白的告訴我們，手快及有力絕對不是致勝的最大因素，而是在於能夠四兩撥千斤，能得機得勢的自然反應。

不得機，不得勢，身體就會散漫而混亂，失去應有的節奏與協調，失去中定平衡，無法靈活變化虛實，進退

失據。

散亂，不只是身勢的散亂，心理上的散亂，更是不可言喻。因為失去了機勢，心裡便會慌亂、驚駭，意念不能集中，神智不能安定，自己亂了方寸，無法應付一時的失據，而節節敗退，一蹶不振，終至兵敗如山倒。

內心的散亂，是因心不能安靜，得失心太重；在推手陣中，一心求勝，而自亂陣腳，求勝反敗。

心若散亂，手腳便不聽使喚，形成手忙腳亂，聽勁冥頑，神經反應遲鈍，亂攻一起。在發勁時，變成手腳分離，不能貫串連綿，形成斷勁，無法完整一氣。

身若散亂，心也會跟著散亂，心散亂，氣便虛浮而不凝聚，如此則練拳無益。身心散亂，於實戰中，必敗無疑。

 第六章　其病必於腰腿求之

有不得機得勢處，身體便會形成散漫混亂的現象，罹患了這個毛病、缺失，必須從腰腿去尋求變化轉換，也就是要從腰腿去尋覓解決的方法。

身體之所以會散亂的原因很多，如果單只「必要」從腰腿求之，顯然侷限的範圍太小。

因為不得機不得勢的癥結所在，不只腰腿而已。還有下列各種情況：

一、聽勁不靈敏：

反應有落差，神經觸覺的反應機制如果不靈敏，就不能達到懂勁的境地，則不能知己知彼；不能知己知彼，則不能得到先機；機勢不能掌控得宜，只有挨打的份，挨打時，當然就「身便散亂」。

二、心神不定：

有心事，有妄念，神形不安，意念不能集中，被打跌出時，才晃然回神過來，此種情況，不只「身便散亂」，心更散亂。

三、身不協調：

上下不相隨，內外不相合，全身沒有貫串連結，手是手，身是身，腳是腳，這種情況下如何能得機得勢？身哪得不散亂？

若只於腰腿求之，便違反「其根在腳，發於腿，主宰於腰，形於手指；由腳而腿而腰，總須完整一氣。」之原則。因為腰腿只是下半段，還得配合身手的上半段，才稱之為身之完整。

若只於外殼的腰腿求之，而不於內勁求之，不於內氣的凝聚飽滿求之，不於手之掤勁求之，終將還是落於不得機得勢處，終將落得「身便散亂」的窘境。

若不於基本的樁法求之，發勁只是一個空包彈，有力無氣，沒有威力氣勢可言。因為「入樁」，是發勁最根本的基礎，若樁無基，發勁時，根不入地，因為用到拙力的關係，膝必塌陷，身便散亂，安能得機得勢？

若手無掤勁，任你腳如何落地生根，待上傳至手

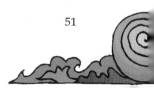

時，仍會落於有斷續之處，無法貫串連結成一個整勁，也是無法得機得勢，身體終將落於散亂。

若氣不凝結飽滿，無法將氣與勁連結一致，發勁落於蠻拙之力，易於落空而身形搖擺，難以保持平衡中定，身體也將落於散亂之處，無法得機得勢。

手的放勁，靠腰的彈抖，腰的彈抖靠腳的基樁與氣的引動。

如果一枚螺絲鬆散，整部機器將無法動轉，勉強動轉也無法發揮全能的動力。

發勁，是全體的大用，是身心的總動員。身體中的一根螺絲鬆散，發勁即不能得機得勢。身體的螺絲，包含掤勁、腳樁、氣之凝結、聽勁靈敏、自然反應、協調貫串……等等。具足全方位的條件，始可稱之為懂勁。達於懂勁之境，才能真正的得機得勢。

那麼，拳經為何說「有不得機得勢處，身便散亂，其病必於腰腿求之」呢？因為腰與腿是全身的樞紐，是一個總開關。這個總開關如果失去效能，其他各個支脈也定當無法發生連結作用的。

前已述及，發勁是「其根在腳，發於腿，主宰於腰」，這三者是要互相連結貫串的。發勁是由下而上的，故謂其根在腳，發於腿，然而，這個其根在腳，是得依靠丹田的腰際之氣，輸送到腳，這個腳打下的暗樁，才能氣勢磅礴，才能產生摺疊反彈之勁，才能上傳於腿，因為上傳於腿，腿接續了這個上傳之勁道，腿才能發勁，故謂之「發於腿」。

　　腰腿處於「其根在腳」的腳與「形於手指」的手之中間，屬於中間的樞紐，如果能轉化得宜、即能轉劣勢為優勢，即能轉敗為勝。

　　腰是涵蓋胯的，腰胯是丹田氣的乘載處所，能夠鬆腰落胯，丹田之氣自然有所依怙。而且，在轉換虛實時，外圍的腰胯稍一落沉，配合內裡丹田氣的摺疊轉換，即能「偏沉則隨」，化去對手的強勢來力，掌握到「機得勢處」的地位。

　　腿是接勁時將對方的來力接續於腳根的管道。譬如，對手按我胸口，我胸一鬆，氣一沉，腰胯一落，將對方的來力接續於腿，最後落沉於腳根。

　　所以，腰與腿是走化與接勁的中間樞紐，故說不得機得勢時或身散亂時，必於腰腿求之。

　　在拳架當中，如果機勢沒有掌握好，也是會形成「身便散亂」的窘境，因為時間沒有掌控好，在牽動往來中，在往復摺疊中，在上勢與下勢的接續中，沒有連綿貫串，身形架勢沒有協調融合，變成有斷續處、凸凹處、缺陷處，這麼就會造成身便散亂。

　　再來就是勢力沒有掌控好，沒有借勢，不會借力，沒有達到省力原則。得勢就是借力使力，要借力時必先自我營造一個勢，有了這個勢，才能借這個勢力而使力，如果沒有借著這個自我營造的勢力，沒有順著這個勢力，沒有達到省力原則，便會用到局部力，便會使上拙力，而造成「身便散亂」。這不是繞口令，請讀者細心思維。

　　那麼，為什麼在拳架中，有不得機得勢處而致「身

便散亂」時，依然要於腰腿求呢？

因為「太極不用手，用手非太極」，打太極拳，手是處於被動的地位，必須由腰腿來牽動它，以腰為主宰，以其根在腳，由腳而腿而腰，形於手，這樣才能完整一氣。這樣由下往上的往復迂迴，加上摺疊的接續，才能綿綿貫串，拳打起來才能如行雲流水。以腰腿為主的去牽動身手，因為有了摺疊的箝入，使得全身上下能如飛舞的彩帶，動能源源不絕。若不如此，在拳架中，因為時間沒有掌控好，因為沒有自我營造勢力達到省力原則，形成失勢狀態，造成「身便散亂」，在這種因為沒有以腰腿為主宰而造成不得機不得勢的散亂缺失，解救的方法，還是得從腰腿而求了，因為解鈴還須繫鈴人。

第七章　上下、前後、左右，皆然。凡此皆是意，不在外面。

第一節　上下前後左右皆然

上下、前後、左右，還有「內外」，皆然，都是一樣；後面還有一句「凡此皆是意，不在外面」，是指「內外」而言。內指意、氣、勁，外指肢體形架而言。

上下、前後、左右皆然，是指發勁之動作，需要完整一氣；欲得機得勢，就得兼顧四面八方。此句字義簡易，不須詳解。

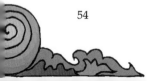

第二節　凡此皆是意

凡此，指所有的體與用，包含推手發勁及實戰應用，與拳架及一切的基本功。

太極拳的一切作為，不管內外、體用、上下前後左右等等，都是以意為先，以意為導，所謂意動而氣隨，意到、氣到、勁到是也。

太極拳一向主張「用意不用力」，明家常謂「不著一絲拙力」，如果用了一丁點的拙力，一絲絲的蠻力，就是外家拳的練法，不得謂之內家拳，不得謂之太極拳。如果只會用力，只會用蠻拙之力去練拳，是悖離太極之理的，如果沒有用意、用心念去思維，去行氣運功，是成就不了太極功夫的。

太極拳是以練氣為主，練氣以意為導。練氣以鬆柔為原則。鬆，就是不緊，不張，不抗，不頑。鬆了，氣才能順暢，才能沉墜，才能收斂入骨，才能練就極堅剛的內勁。

用了蠻力、拙力、硬力，易使氣渾濁而虛浮，飄渺而無主，碎散而不凝聚，無法成就內勁。

鬆，須鬆透、鬆淨。十三式歌云：「刻刻留心在腰間，腹內鬆淨氣騰然。」腹內，指全身上下左右前後，都要鬆透、鬆淨；鬆淨了，氣才會騰然起來，才能凝聚入骨，匯集成勁。刻刻留心在腰間，腰間，指丹田之處，時時刻刻都要把意念守在丹田，把心留停在腰間丹田處，不

可須臾或離。

　　用意是必要的，但卻不能刻意，若是刻意則易着力，着力即不鬆。

　　不用意，是「不及」，刻意，是「過」。過與不及，皆不合乎中道原則。

　　行功心解云：「先在心，後在身。腹鬆，氣斂入骨，神舒體靜，刻刻在心。」先在心，當然是指意念在先，而身在後；心意是主帥，身軀是將士。腹鬆，才能氣斂入骨。神舒體靜，也是由意念使然，所以要刻刻在心，時時刻刻守護心意。

　　行功心解又云：「牽動往來，氣貼背，斂入脊骨。」牽動往來，往復摺疊，都要靠意念來驅動，令氣上下內外鼓盪起來，然後氣才能貼於背，終而斂入脊骨。

　　行功心解又云：「勁似鬆非鬆，將展未展，勁斷意不斷。」所謂似鬆非鬆，謂外表看似鬆柔，而內裏卻堅剛如鐵，所謂棉裡藏針是也。

　　在發勁時，外在看起來文文靜靜，安詳柔和，內裡卻是暗潮襲捲，澎湃洶湧。手臂輕輕掤著，似鬆非鬆，似緊非緊，像海水一般載浮載沉，浮中有張力，沉中有蓄勢。這就是將展未展，蓄勢而待發，只待那意念主帥命令一下達，弓箭即崩竄而射，如迅雷一般，不及掩耳。勁斷意不斷，發勁如機關槍之掃射，雖是連續擊發，但子彈畢竟還是一顆一顆從彈膛分段而出。

　　發勁也是如此一勁緊接一勁，雖然快速，之間還是分段而出，所以勁其實是有斷續的，只有意不斷，才能使

勁如連珠炮一樣的綿接爆響。

　　所以，每一舉動，要達到輕靈、貫串，或者氣的鼓盪，以及得機得勢，完整一氣等等，凡此都是意，不在外表之枝枝節節。

第三節　不在外面：

　　所謂「外面」，分三方面敘述。

　　第一、指外形，外表徒有空殼子。

　　譬如，打拳架，像體操式的，肢體很柔軟，腳也能舉的很高，外表美則美矣，但是缺乏應有的內涵與靈魂。因為沒有練出氣與勁，在一舉一動之中，欠缺渾厚與鬆沉的內勁及氣感。

　　現在一般的武術比賽，就是典型的只注重「外面」的比賽，只要外型美，身體柔軟，腳舉得高，就能得高分。還有縱跳、翻滾、劈腿及跑跳速度，已經變成現今武術比賽的全部內容；至於「凡此皆是意」的「意」境，已經蕩然無存。更遑論所謂的「氣的鼓盪」、「勁的斂沉」以及「神意的靈動」等等。

　　第二、推手及實戰中，只有外面蠻力、拙力、硬力的表現，只看到鬥力、摟抱、摔跌、纏繞。

　　難得看到真正的貼身短打，能以內勁打人的，真是鳳毛麟角，百難得一。

　　一般拳術一向主張距離加速度的爆發力，認為爆發力就是肌肉的緊湊，加上速度與距離。殊不知這都是力的

呈現而已，力與勁之差別懸殊，不可同日而語。

他們一向不認為有「內勁」這個東西，因為自己沒有那個東西，就否定那個東西，一說到「內勁」，他就會跟你辯得沒完沒了，誤認自己的見解正確，遇到這些人，只有默擯以待。

第三、身在「外面」，沒有入門。

他也不想入門，以為在門外瞧瞧，就能窺到內涵。他們不想有真正的師承，東看看，西瞧瞧，然後依樣畫葫蘆，自己摸索一番，就以為行了。然後到處去跟人家論拳，講的口沫橫飛，而自洋洋。

這就是站在外面的人，連「門都沒有」；連門都沒有進入，怎知門內的寶山是何物？

第八章　有上即有下，有前即有後，有左即有右。

上下，前後，左右，都是互對的，從字面上是很容易理解意思，但真正的義涵，不是依文解義的，不是那麼膚淺的，那麼狹義的。

上下：

不是說一手顧著上頭，一手顧著下面，這是定法，是死法；而拳法無定法，拳法非死法，拳法是善於變化的，是虛實互換的，是陰陽互易的，若不會變化，堅守死法，非是善武者。

上，指上身頭手，中，指腰胯丹田，下，指腿腳；

手須有掤勁，腳須有樁法，丹田之氣須凝聚，由腳而腿而腰而手，總須完整一氣，連綿貫串，始謂之有上即有下；若是只有手的局部之力，即成有上而無下。

前後：

以腳而言，前有撐勁，後有蹬勁，前撐後蹬，形成一股二爭力；練習樁法，乃可入地生根，發勁時方有雄脆之撞勁，才有摧山之氣勢。

運氣鼓盪，有前有後，吸氣時，氣貼於後脊背，吐氣時，氣落沉於前丹田，但非一前一後，它是一個渾圓立體的運轉，不只有前後，還涵蓋上下、左右，及周身的弧圓，這是內在的有上即有下，有前即有後，有左即有右。

左右：

即是橫勁，發勁時，由腳底出勁，左撐右蹬或右撐左蹬，腰如蒼龍抖甲，貫傳乎手，形成一個左右互襯的彈勁，一打擊疾速彈回，左打彈回變右打，右打彈回變左打，謂之閃電手，這豈是拳擊之左右勾拳所可比擬。

上下、前後、左右，都是腿腰彈抖之內勁，都是意使、氣隨、勁生的完整一氣。

要實現上下、前後、左右的虛實變化，只有練就靈敏的聽勁，進而達於懂勁的境界，才有辦法隨心所欲的變化虛實，才能自然反應的實現「有上即有下，有前即有後，有左即有右」。

第九章　如意要向上，即寓下意，若將物掀起，而加以挫之之意，斯其根自斷，乃攘（壞）之速而無疑。

先依文解義一番：

如果自己的意念之中，想要將對方向上提放，就得先把意念寄託在下盤，好像要將一件物體向上掀起來，而後加以挫折摧毀它，那麼，它下盤的根基就會自己斷離，而達到快速挫折之目的，這是毫無疑問的。

「攘」，有人把它譯為「壞」。攘，有擾亂、拒卻、排除、摧毀之意，譬如：攘除、攘敵等。攘與壞，意思是相通的，古代尚無印刷術，所有經論都是手抄的，難免會把字抄寫錯誤。就本義而言，攘與壞都是摧毀敵人，排除頑強之意，兩字之義是相同的，所以，不必去爭執何者為是。

每個學過太極推手的人，都知道「如意要向上，即寓下意，若將物掀起，而加以挫之之意，斯其根自斷，乃攘（壞）之速而無疑。」這句話的意思，簡而言之就是「拔根」的意思。

如果要掀起一件東西，只要力量夠，就可將物件搬移離地，掀動起來。但太極推手，不是靠蠻力的，而是以無力勝有力的，是以四兩而撥千斤的，那麼，自己的體重若輕於對方，要如何取勝呢？要如何無力勝有力？如何四兩撥千斤？這是值得思考的。

　　如何借那四兩力，而撥動千斤？如何借力而使力？它是有必定的條件的。

　　你得先明瞭「體用」二字。體，就是功體，包含下盤的樁體、中盤的丹田之氣、與上盤手的掤勁等等；用，指用法，包含推手與散打技巧。

　　若是沒有練就基本的功體，譬如，樁功沒有成就，如何拔人之根而加以挫之？氣不凝聚，如何將人打出？手無掤勁，如何將人掀起提放？

　　時下很多阿師，籠罩初學者，欲將人提放掀起，得先貼近於身，將雙掌按置於胸部之下，須得取得那中段支撐點，然後使對方失去中定平衡後再打出，對方因為初學，無基礎，不明白這些籠罩之法，往往佩服不已，等到有一天，那初學者功夫慢慢成就以後，才明白，原來老師是個三腳貓。

　　欲拔人之根，欲將之掀起，第一要件，須是自己根盤穩固，透過樁法、基本功及拳架的鍛鍊，使根盤之暗勁能深入地底，入地而生根，在發勁時，才能藉地之力，而憾動對方的根，這樣才能「斯其根自斷」，將之掀起，而加以挫之。

　　第二要件，中氣要足。透過極鬆柔的「以心行氣，務令沉著」的修煉方法，凝聚丹田之氣。發勁時，藉此凝聚之氣而爆破之，才能斷其根，而加以挫之。

　　第三要件，手要有掤勁，透過沉肩垂肘，力由脊發，而摧肩，由肩而摧肘，由肘而摧手，還是一句老話，「尤須貫串，總須完整一氣」。 手有掤勁，才能以暗沉

之勁，拔人之根，將人掀起，而加以挫之。

　　打人的接觸之點，不是一定要取人之身體中點，或中點以下，如果一定要如此施為，那還是三腳貓；誰會任由你去取那中點，人家會防著，不讓你進，有些人甚至在身外架設門牆，用雙手將你堵住，讓你進不了門，那將如何？

　　高手發勁，可以為所欲為，哪一個接觸點，都可以將人之根拔起，將人掀起，而加以挫之。因為他的根比你好，掤勁比你好，丹田之氣比你足，聽勁也勝之於你，因為已成就了「沉勁」，所以一接觸，你就得東倒西歪，乖乖聽話，被玩弄於股掌之中。你要沉也沉不下去，你要保持平衡也平衡不了，你要變化虛實也變化不了，就是這麼神奇奧妙。

　　「沉勁」，是氣與勁的沉積斂聚，你練太極拳或內家拳，經過十年八載的長期累積功體，氣積蓄足了，氣沉了，內勁生出了，勁也沉斂了，此時跟人家一搭手，就能拔人之根，不論他體重有多重，不論你手是搭在他身上任何一點、一處，都可即寓下意而將之掀起，加以挫之。

　　此句有三個「意」字，須知，「凡此皆是意，不在外面」之意。你成就的功體，氣與勁都是在身內，你的意念也是在身內，都不是外面的肢體。意念可以帶動氣與勁，故謂「凡此皆是意，不在外面」。

第十章　虛實宜分清楚，一處有一處虛實，處處總此一虛實。

第一節　虛實宜分清楚

虛實宜分清楚，這是專指拳架而言的。在打拳架時，腳的虛實是要有分際的，實腳須站穩，虛腳輕輕觸點於地，邁步前進或撤步退回或左右移步，都要以貓步行之，不宜忽略而過，或匆忙而過。在這邊是要表現樁法的，樁功若是微劣，在舉步移動時就會搖晃擺動，不能保持中定平衡，造成腳的雙重局面。

手的部分，也有虛實之分，蓄勁為虛，發勁為實。氣也有虛實之分，吸為虛，吐為實；氣若不分虛實，則會形成氣亂、氣滯、氣憋情狀。

一般人解釋「虛實宜分清楚」這句話，都是概指腳的重心的虛實。某些門派，最喜歡講「虛實要分清楚」、「少林馬步即雙重，腳沒有分虛實」，把虛實的分際，侷限於雙腳，認為馬步就是雙重，認為是一種病。這種解讀，似乎太狹義，認知似乎太牽強，視野似乎不深廣。而且對不同派系，似有排斥之疑。

把馬步視為雙重，認為沒有虛實，乃是一己的短見。馬步是極為平常的步法，任何拳種，任何系統，幾乎都有馬步的，太極拳也不例外，譬如太極樁法，渾元樁，又如太極起勢、收勢，都是馬步，是否也應該歸類為不分

虛實、雙重、是病。

事實上每一個步法,在移步時,都需透雙重後才能分虛實的,除非是用跳的,才不需透過雙重而移動重心。那這中間略過的雙重,是病嗎?不經過這個雙重,能夠移步而分虛實嗎?

虛實,不是以雙腳的比重,來作分際;應該是以全身的重心,失去了平衡中定,無法在剎那間去轉變虛實,而被對方掌握住了著力點,一時走化不了,而被打出,這才是病,才是虛實沒有分清楚。

太極生兩儀,兩儀即陰陽,陰陽就是虛實。但是,宇宙處處皆有陰陽,非固定某處或某方為陰或為陽;太陽照射東半球,則東半球為陽,西半球為陰,太陽照射西半球,則西半球為陽,東半球為陰。人體是一個小宇宙,全身處處有陰陽,陰陽不是光指兩腳,虛實亦不侷限於兩腳。如果說「虛實宜分清楚」,就是要「全身重量只許放在一隻腳上」,絕不盡然,因為拳論說「一處有一處虛實,處處總此一虛實」,全身上下都有虛實,都可以走化,變換的。如果主張全身重量只許放在一隻腳上,若是兩腳平均分擔,便是雙重,是絕不盡然的,如以質量來說1比9,2比8,3比7,4比6,都算是虛實,只是虛實的比重不同而已,非得0比10才算虛實,才是分清虛實。

依實際體驗,全身負擔放在一隻腳上,在變換虛實時,反而遲滯不靈,因為它由此邊的重量10,要變換到另邊時,此邊的重量必須由10減到9、8、7、6,再透過5的雙重,然後才能將重量移轉到另邊,其時空的轉移必

然長久些。在重心移轉的過程中，必定會遇到五五波的雙重，始能轉變虛實，故曰「腳的雙重非病」，因為它是重心虛實轉換必須的過程。虛實變化得靈，豈是病？變化不靈，才是真病。

腳的分清虛實，不如周身的變化虛實重要，局部豈能比得整體，所以，要重視周身之虛實變化，莫執於雙腳的虛實，否則還是「挨打的架子」。

王宗岳的太極拳論說：「偏沉則隨，雙重則滯，每見數年純功，不能運化者，率為人制，雙重之病未悟耳。」王宗岳所謂的「雙重則滯」，是廣義的泛指全身的虛實而言雙重，非狹義的專指兩足之雙重。兩足之雙重未必會影響走化。

所謂「偏沉」就是轉變虛實，虛實善於轉化，敵則落空；不會變化虛實，才有雙重呆滯之虞，能領悟體會這個道理，則無雙重之病，才能說功夫已臻純熟；不能領悟體會這個道理，雖腳無雙重，虛實分得清，然而如果周身全體之虛實不能變化，仍然是落於雙重的地位。

「雙」，就是兩處的意思，而兩處不限於雙腳兩處，它是涵蓋上下兩處，左右兩處，前後兩處，內外兩處，只要這些各各種種的兩處，被制或自制於無法變轉虛實，被固或自固於一個鈍角、死角，綁結於一處，無法圓化順開，都是屬於「雙重」的範疇。如果全身重量能放在一隻腳上，在被打時，單腳卻與被打點，結成一個死點，雖然兩腳沒有「雙重」，也是犯了「雙重」之病。反過來說，兩腳雖然比重相等，但是在被打點，能夠轉虛，依然

可以化去來力，這不算是「雙重」。由此可知，「雙重」不是概指兩腳的。

　　一般的太極拳老師及太極拳修煉者，都把兩腳站立的比重相等，解釋為「雙重」，認為這就是王宗岳老前輩所說的「雙重之病」。若是這麼簡單，則老前輩就不會說「未悟耳」這三個字，如果只把兩腳站立的比重相等解釋為「雙重」，就沒有所謂的悟不悟的問題，只要把兩腳的重量調整好，分清「虛實」，那不就沒有病了？如果真這麼簡單，那還有什麼可「悟」的呢？

第二節　一處有一處虛實

　　如果拳經所謂的虛實，是以雙腳的比重而作定論，則不需要有這一句「一處有一處虛實」。所謂「一處有一處虛實」，是指全身上下、左右、前後、內外，處處皆有虛實，若不是泛指全身，則不必再多說此一句「一處有一處虛實」了。

　　全身都有虛實，全身都要會變化虛實，才是真正的陰陽相濟，才是真正懂勁之人，若只會雙腳分清虛實，其餘部分不會變化，仍是謂「病」，猶是挨打的架子。

　　一處有一處虛實，譬如：眼處，可以顧左而打右；音處，可以聲東而擊西；手處，可以左手虛晃一下而以右手擊之；腳處，可以舉高而踢低。還有，上虛而下實，左虛而右實，前虛而後實，外虛而內實等等。所謂外虛而內實，身體不著力的放鬆，體內的丹田氣要實，這是在走

化、接勁時，要把身體讓給人，以內氣的實有去接勁，以氣的摺疊虛實去走化。

引勁是虛着，引後的打才是實，這是高手的虛實變化；還有「實中轉虛」，比如，發勁出去，對方感應到了，在他的轉化之前，剎那變虛，一引，再轉實打去。

全身有無數的「處」，每個打點都是一處，每個化點都是一處，所以就有無數的處，無數的打化點，每個打化點都是拳經裡所說的「一處」，每一個「一處」，都有它的虛實變化機制，此謂之「一處有一處虛實」，這各個的「一處」都有它的虛實變化。

所以，如果把「雙重」侷限於兩腳的比重而謂「虛實沒有分清」，而謂之「雙重」，似乎已經嚴重貶低了「拳經」所謂的「一處有一處虛實」之深廣精闢要旨。這樣的眼光、見解似乎太狹隘而偏執了。

第三節　處處總此一虛實

某師謂：「所謂總此一虛實者，即其根在腳，將全身重量必須放在一隻腳上，若兩腳同時用力，便是雙重，雙重即如少林拳馬步，此為太極拳最忌之大病，切記，切記。」此段話已被某些學太極拳者奉之為聖旨，特別強調全身重量必須放在一隻腳上，不可雙重。

腳之雙重非病，也非太極拳之大忌。少林拳馬步，無錯，馬步可以用來單練椿法，練太極拳或其它內家拳，也有馬步椿法之練習，如渾圓椿等是，所以學練太極拳

者，大可不必一概藐視外家拳，外家拳有外家拳的另面優點；內家拳練不好，用起來也不一定能勝外家拳。

少林拳雖被一些武界歸類為外家拳，殊不知，那只是初練階段，初練階段是外練筋骨皮，至高階，也是要內練一口氣，也就是精專內功的修煉，那是在少林內院，外人無法一窺究竟。

所謂「處處總此一虛實」者，處處是指全身的每一點，每一寸，從頭到腳，從上到下，從前到後，從左到右，從內到外，都有虛實之處，都可以自由變化虛實，可以上虛下實，或前虛後實，或左虛右實，故謂「上下、前後、左右，皆然」。上下前後左右都是這樣，都是總此一虛實，都是這個虛實的變化。由這個虛實的變化，而能得機得勢，由這個虛實的變化，而身不散亂，由於虛實變化的得宜，而能完整一氣，而能連綿貫串，而能周身輕靈。

由此而觀，拳經所謂的虛實宜分清楚，非侷指雙腳重心比重的虛實，還涵蓋眼神顧盼的虛實，發音聲東擊西的虛實，虛進實打的虛實，實打變虛的虛實，或虛中變實，或實中變虛的虛實。

總之，虛實是千變萬化的，如魔術師的雙手，不知會變出什麼東西來，等那東西現出來的剎那，才恍然驚訝而讚嘆不已。

讀經不宜斷章取義，或斷句取義，要需全盤深入瞭解後，才能明白整部經的大意；若是依文解意，則三世佛怨矣；若以自意為是，若是以自宗而慢人，非是智者所取也。

張三丰祖師遺著太極拳經云：「虛實宜分清楚，一

處有一處虛實，處處總此一虛實，周身節節貫串，無令絲毫間斷耳。」祖師說，虛實應該分清楚；「一處有一處虛實」，是指全身各處均有各處之虛實，非侷指腳之虛實；「處處總此一虛實」，每一個地方都要有虛實變化，非專指腳之虛實；「周身節節貫串」，這邊有說到周身，周身，即全身各處，節節，即各各關節，皆要貫串，也就是要連貫靈活的變化虛實，不能有一絲一毫的間斷，間斷，就是不連貫，不靈活，不能變化虛實。

　　祖師並未說，打太極拳必須將全身重量放在一隻腳上，若兩腳同時用力，便是雙重，祖師所說處處總此一虛實，並非專指腳之虛實而已，而是教我們要周身節節貫串，無令絲毫間斷耳。練拳如果固執於全身重量必須放在一隻腳上，而不明白處處總此一虛實的道理，就會走入死胡同，不能達到「純熟」與「懂勁」之境地。

　　某師所謂的：「所謂總此一虛實者，即其根在腳。」余意以為「處處總此一虛實」者，絕不僅止於腳，因為它的前面還有一句「一處有一處虛實」，已然很明白的說明全身上下，都可以變化虛實，也不止於身體重量的虛實，應該還包括無質量的虛實，如聲東擊西、引君入甕、以退為進、引進落空、故呈敗狀、裝呆賣傻、假假真真、各種欺敵手法等，都在虛實變化之範疇。

　　又「其根在腳」，是指發勁之質體而言，非專指虛實。因為太極拳經明白指出「其根在腳，發於腿，主宰於腰，形於手指，總須完整一氣」，是在敘述發勁的要領，發勁必須根於腳，再由腿而腰，形於手指，如此始能完整

一氣，才能發出整勁。拳經並未謂「處處總此一虛實，即其根在腳」，而是言「處處總此一虛實，周身節節貫串」，拳經強調的虛實，是泛指全身要節節貫串，亦即周身之虛實皆須貫串起來，不能分開，不是片斷的，不是局部的，也不僅止於腳。上虛則下實，前虛則後實，左虛則右實，所謂左重則左虛，右重則右杳是也，要因敵變化而示神奇，非固執偏重於雙腳的虛實與雙重。

第十一章　周身節節貫串，無令絲毫間斷耳。

　　拳經真正的內容，到此算是完結，以下各章是釋名的部分。本章是重複第一章的「一舉動，周身俱要輕靈，尤須貫串」，把它作一個前後呼應，有頭有尾，有始有終。第一章起頭強調所有之動作，除了要輕靈之外，更重要的是「尤須貫串」，在末尾，祖師還是惇惇的囑咐，周身要節節貫串起來，不可有一絲一毫的間斷。可見這「貫串」在太極拳裡是何等的重要了。

　　人體的骨頭有二百餘塊，由筋、膜、韌帶等等把它一節一節的串連起來。打太極拳，透過行氣運身，要氣貫周身，要行氣如「九曲珠」，無微不至，要氣遍周身，不能有一絲一毫的滯礙，不可有一絲一毫的間斷。

　　貫串，在肢體而言，是靠筋、膜、韌帶、肌膚等等，把身體所有的結構連綿貫串起來，使牠成為一個完整的活動架構；若依太極拳的更深內容來說，是要靠「氣」

來連結，靠行氣如九曲珠，而氣遍周身，而無微不至，也唯有依恃著氣，才不會有時間與空間的落差，而達到「周身節節貫串，無絲毫間斷」的境地。

第十二章　長拳者，如長江大河，滔滔不絕。

太極拳又名長拳，又名十三式拳，也就是所謂的掤、捋、擠、按、採、挒、肘、靠，這八式就是太極的八法，在加上進步、退步、左顧、右盼、中定等合之為十三式。既然只有十三式，那麼為什麼稱之為長拳？其實太極拳的十三式，是一個主結構體，也是太極拳的軸心架構，其餘各式，皆由此十三式變化而來，由古而今，各門各派，招式的多寡，招式的名稱，各有不同，各有特色，其中招式少者有十三式，多者有一百餘式。

太極拳之所以又名長拳，其實並非源於它的招式多，而是在於它的連綿貫串，從起勢到收勢，一氣呵成，沒有絲毫間斷，雖然長者有百餘招，但卻連成一招，在無窮的變化中被融成一爐，在滔滔不絕的招式中，被連成一氣，一以貫之，好像長江大河，綿綿長長，滔滔不絕，它卻只有一條河。

太極之美，就是圓滿沒有隙縫，沒有間斷，一氣完整，在往復摺疊中，在牽動往來中，在各式各招的演練中，不論是肢體外架的連動，或內裡氣的流行運轉，都是婉轉無滯無礙的，都是一動無有不動的，都是牽一髮而動

全身的。

 第十三章

　　掤、捋、擠、按、採、挒、肘、靠，
此八卦也。進步、退步、左顧、右盼、中定，
此五行也。掤、捋、擠、按，即乾、坤、坎、
離，四正方也。採、挒、肘、靠，即巽、震、
兌、艮四斜角也。進、退、顧、盼、定，即
火、水、木、金、土也，合之則為十三勢也。

　　此章把太極拳套入五行八卦之中，太極拳源於道
家，所以與五行八卦難以脫鉤。從武術技擊內涵而言，
掤、捋、擠、按、採、挒、肘、靠，這八法，是太極拳打
法的主軸，進、退是步法，顧、盼是神意，中定是平衡；
四正方、四斜角是方位，也就是東、西、南、北、東南、
東北、西南、西北，八個方位。

　　五行八卦，屬於「易學」範疇，不在討論之列。

第十四章

　　原註云：此係武當山張三丰祖師遺論。
欲天下豪傑延年益壽，不徒作技藝之末也。

　　這一章是原來抄寫拳經的人，把它作一個註解，說
這「太極拳經」是武當山張三丰祖師所遺留下來的經典。

有些人不信「太極拳經」是張三丰祖所著作，不相信太極拳是張三丰所創，並且多方去考證，寫文章來推翻。

太極拳經出至何人之手，人言言殊，但這並不重要。練太極拳，主要是延年益壽，身體健康，無病無痛，這個效果達到了，再來探求太極武功深層的內涵。

修煉太極拳，首要目標當然是延年益壽，技擊的藝術性是屬於枝末的事，因為必須先擁有健康的身體，才能進一步的求技擊搏鬥的高深藝術。

「不徒作技藝之末」，這句話，應該是這原來抄寫《太極拳經》的人所作的一種個人的見解。然而，太極拳除了延年益壽而外，它是涵蓋著武術技擊的高水準的武功的，如果只欲天下豪傑延年益壽，而不把它當作技擊的武術，那麼，這個「延年益壽」就不必用「天下豪傑」四個字。所謂「豪傑」就是武功出眾的人或智慧超凡的人；一般長壽的人，只稱之為「人瑞」，不會稱為「豪傑」。而且，太極拳是智者的武術，沒有智慧的人是練不到功夫的，為何如是說呢？

拳論云：「非有夙慧，不能悟也。」夙慧，是天生就帶來、就擁有的的智慧。沒有這個夙慧，是不能悟透太極拳深層的義涵，成就不了太極拳的甚深功夫。

綜觀《太極拳經》所有的內容，都是在論述「技擊的內涵」，都是以武術技擊作主軸，而涵蓋著副產品健康內涵的。所以，若是有人刻意強調主張太極拳是以延年益壽為目的，而「不徒作技藝之末」者，是為不懂太極拳者，是為不識祖師張三丰遺論《太極拳經》之真正內涵者。

實際而論，太極拳的真正內涵，是它的武功技擊的部份，健康是太極拳武術中所涵蓋的副產品，如果學到了太極拳的武功部份，一定是會兼而擁有健康的身體；但是擁有健康的身體，卻不一定能練就太極武功的。

現在多數學練太極拳的人，都是以健康為主，不想再學高深的武功，因為太極的高深武功之修煉，除了需下很多時間去練習，而且「非有夙慧」是不能悟的，所以，沒有堅強毅力的人以及沒有夙慧的人，根本無法修學太極拳之甚深功夫的，他們只能學表面枝末的形架，無法求得內勁及懂勁的深層功夫。

現在市面上，很多太極拳的教練、老師，只能教教太極拳表面枝末的形架，其他的就什麼都不懂、都不會，如果問他比較深的東西，他不會說他不懂，他們常拿出拳經的原註所云：「欲天下豪傑延年益壽，不徒作技藝之末也。」來搪塞。拳經的原註，如今卻成為他們不能成就太極武功的下台階。

為什麼要說：「欲天下英雄豪傑延年益壽」？而不說「欲天下之人延年益壽」呢？因為一般之人的延年益壽只能利益自己，對人群社會沒有心力上的貢獻，而英雄豪傑是指武功出眾或智慧超凡的人，他們可以貢獻心力，造福人群，這些人的延年益壽才是具有意義的。

練太極拳，如果沒有智慧，不能成就上等武功，武功不能出眾，而只徒自己延年益壽，只求自利而不能利眾，為了掩飾自己在太極武功造詣上的低劣，而卻口口聲聲的說「不徒作技藝之末也」，是為違心之論。

第貳篇　太極拳論

太極拳論（全文）

太極者，無極而生，陰陽之母也。動之則分，靜之則合。無過不及，隨曲就伸。人剛我柔謂之走，我順人背謂之黏。動急則急應，動緩則緩隨。雖變化萬端，而理惟一貫。由著熟而漸悟懂勁，由懂勁而階及神明。然非用力之久，不能豁然貫通焉。虛靈頂勁，氣沈丹田。不偏不倚，忽隱忽現。左重則左虛，右重則右杳。仰之則彌高，俯之則彌深，進之則愈長，退之則愈促。一羽不能加，蠅蟲不能落，人不知我，我獨知人。英雄所向無敵，蓋皆由此而及也。

斯技旁門甚多，雖勢有區別，概不外乎壯欺弱、慢讓快耳。有力打無力，手慢讓手快，是皆先天自然之能，非關學力而有為也。察四兩撥千斤之句，顯非力勝；觀耄耋禦能眾之形，快何能焉？

立如秤準，活似車輪，偏沈則隨，雙重則滯。每見數年純功，不能運化者，率皆自為人制，雙重之病未悟耳。欲避此病，須知陰陽；黏即是走，走即是黏，陽不

離陰，陰不離陽；陰陽相濟，方為懂勁。懂勁後，愈練愈精，默識揣摩，漸至從心所欲。

本是捨己從人，多誤捨近求遠。所謂差之毫釐，謬之千里，學者不可不詳辨焉。是為論。

此論句句切要，並無一字敷衍陪襯，非有夙慧，不能悟也。

先師不肯妄傳，非獨擇人，亦恐枉費工夫耳。

 **第一章　太極者，無極而生，動靜之機，陰陽之母也。**

第一節　略述太極

太極一詞出自《易經》「易有太極，是生兩儀，兩儀生四象，四象生八卦」、「生生之謂易，易，太極也」。

太極，是無限大的意思。太極與無極是一體兩面，在中國傳統的宇宙觀認為，宇宙萬物都有兩極，兩極間的關係是相互消長、密切結合，彼此生生不息的。

依據道家之說，太極是指宇宙最原始的狀態，出現於陰陽未分的混沌時期的無極之後，而形成宇宙萬物的本源。

第二節　太極由無極而生

　　無極是混混沌沌的原始狀態。無極，是比太極更加原始更加終極的原貌，是天地未闢之前的混沌狀態，因此，無極是太極的根源，所以說，「太極者，無極而生」，說太極是由無極而生化出來、演變出來的。

第三節　動靜之機

　　古哲認為萬物變化必有太極，動靜之機便是太極。機，是機勢、時機，是將動未動之變化時態，天地萬物，生住異滅，成住壞空，無時無刻都在變動之中。

　　就拳理而言，機就是虛實的轉變、動靜的互生、剛柔之變換。太極是靜極而動，動極而靜，在動中求靜，靜中求動，在動靜之中，太極永處於陰陽開合變動的狀態。

第四節　太極是陰陽之母

　　因為太極生了兩儀，兩儀就是陰陽，陰陽是由太極而生，故謂太極是「陰陽之母」。

　　太極拳的結構，就是一個陰陽虛實的無限連動轉化，從無極式開始，進入太極，太極一動分兩儀，兩儀就是陰陽，陰陽就是虛實，陰極陽生，陽極陰生，虛盡而轉實，實盡而變虛，連綿不斷，互消互長，如圓之無端，這

些陰陽虛實的動轉變換,皆由太極而生,故曰太極是「陰陽之母」。

第二章　動之則分,靜之則合

第一節　動靜與分合

　　動分靜合是物理原理,似無奇特之處。太極拳的體,也是靜合動分,靜為合,動為開。太極是陰陽一體,陰靜則陽動,陽止則陰生;以太極拳的外形與內氣而言,形開則氣合,形合則氣開,開合就是曲伸,曲是合,伸是開,曲合是靜,伸開是動,曲合是蓄勁,伸開是發勁,蓄勁是靜,發勁是動;動必由靜,靜而後動。

　　古人把太極當作一個圓體,動時這個圓體就產生變化,分為半陰半陽,故曰太極生兩儀,也就是「動之則分」的意思。靜時仍然是一個圓體,陰陽雖然靜止,但陰陽的道理則依然存在,所以叫做「靜之則合」。

第二節　太極與宇宙實相

　　近年,有開悟的修行者認為:宇宙間,一切器世界,所有的山何大地,都是由眾生之共業如來藏所成,如來藏就是有情眾生的第八識,又叫做真心或真識,這如來

藏能聚藏一切業種，包括善業、惡業、無記業等，這些業種是「因」，待「緣」熟時，業種就會現前，就會受報，所以，種什麼因就會得什麼果，這業報的因果律是不會錯亂的，是絲毫不爽的。

　　眾生之共業如來藏，因業種的聚集，就有器世界的形成，供這些眾生居住、生活。這器世界也因眾生共業如來藏的業緣消長而有成、住、壞、空，當我們這個世界壞滅了，就會有另一個共業如來藏所形成的世界誕生。

　　開悟的修行者認為，古人把無極、太極認為是「道」，這只是他們自心的忖度臆想，宇宙實相的根本是有情眾生皆具有的真識如來藏，因為眾生的無明，所以才會有陰陽兩儀的思想生出，因為無明的關係，因為眾生沒有智慧不明白，找不到自己的真識如來藏，所以才有萬法的茲生，才有「無極」、「太極」的思想觀念茲生。

　　學練太極拳，是有陰陽虛實的理論價值存在，但是以武術功夫的角度立場而言，是否需要去參研這些易經、八卦、五行之學，學者當依自己的智慧去辨別，精研易經、八卦、五行之學，對武術有無實質意義，值得深酌。

第三章　無過不及，隨曲就伸

　　上一章是「太極拳論」的一個緒言，一個開場白，太極拳是以「太極」而立名，所以在寫論時，必得將「太極」放在前面，作一個引子。接下來的部分，論述的才是

武功方面的闡釋。

第一節　無過不及

「無過不及」就是合乎「中庸之道」的意思。「中庸」一詞，語出論語雍也篇：「中庸之謂德也，其至矣乎！」所謂「中」就是折中之意，「庸」是平常的意思。中庸曰：「喜怒哀樂之未發，謂之中，發而皆中節，謂之和。中也者，天下之大本也；和也者，天下之達道者也。致中和，天地位焉，萬物育焉。」

何謂中庸，不偏之謂中，不易之謂庸。中庸就是不偏不倚，無過不及。

所以，「中庸之道」是為人處事的原則，打拳當然也不能失去中道原則，譬如說，打太極拳要「用意不用力」，但是「用意」卻不能太「刻意」，沒有「用意」是不及，「刻意」就是超過。

用意，就是要用意念去走拳架，以意領氣。用意，就是神意相守，心息相依，耳目內聽返視，內心如有所思，將意念溶入拳架之中，如是，則意動氣隨，氣隨勁生，勁藏入骨，功力漸成。

刻意就是使用了蠻力、僵硬力，致肌肉及神經呈現緊張狀態，使動作呆滯不靈，使氣血循環受阻，反應遲鈍，在推手實戰時易受制於人。

練武術與做人處事的道理相同相通，要合乎中道原則。練拳有所謂「勿忘勿助」。勿忘，就是不要忘了「用

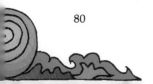

意」；勿助，就是不要太「刻意」，無意不對，刻意也不對，總要在有意無意之間才對，這就是中道原則。

打太極拳，講求鬆柔是正確的，但是，如果誤解了鬆的真正意函，將會流入體操式的太極拳，只是外表拳架姿勢優美而已。

鬆的目的，是讓神經舒放，使肌肉筋骨擴展而不疲勞，使氣血順暢而不滯礙。鬆是產生內勁的必要途徑，內勁才是武術的真正內涵。

然而，鬆，被大部分的人誤解了，以為鬆，是不着一絲力，像洩氣的皮球，軟趴趴的；以為鬆，就像柔軟體操一樣，腳能抬得高高的，腰能彎至地，劈腿成直線。

真正的鬆，不僅是肢體之美而已，還涵蓋意氣的流露，內勁的盪動，根盤的穩固等等。所以鬆不是鬆懈、鬆散，鬆只是不着「拙力」而已。使了「拙力」，將使氣結滯，內勁不生。鬆懈、鬆散，氣亦不凝，勁亦不生。

鬆的內層是摧筋拉骨的，是具足二爭力的暗勁的，是氣的驅動，是氣與勁的無限密集的內在滾盪，所以鬆柔是生機勃勃的，不是懈漫而無靈氣的。

所以，刻意的追求鬆柔，卻鬆柔到沒有氣與勁的內涵，鬆到沒有「運勁如抽絲」，沒有「運勁如百煉鋼」，這是屬於「不及」的；相反的，在求太極的「剛勁」時，卻去練一些使力的土法煉鋼術，這是屬於「過」的範疇。

有人打太極拳喜歡東施傚顰，譬如，模仿牌位先生陳長興大師，陳長興打拳身體非常正直，就好像牌位一樣。某些人打拳就刻意在頭上頂一小杯水或放一本書，以

求身體正直，這就是「過」於刻意，患了「過」的毛病。

有人打拳，手一動也不動，像機器人一般的呆滯，像僵屍似的僵直，毫無生機可言。有人打拳，手指不停的抖動，只差沒把手指抖斷，說這就是抖勁，唬弄不識者。

這些林林總總，都是過於刻意，都患了「過」的毛病。探身膝蓋超過腳尖，或身體後仰；或者推手身體歪七扭八，都是屬於「過」的範圍。

沒有練出沉勁，手無掤勁，氣不落沉丹田，氣不凝聚飽滿，屬於「不及」的範疇。胯不落插，樁法無根，沒有完整一氣，沒有練出內勁，都是屬於「不及」的範圍。

過，就是逾越了常軌，偏離了正理；不及，就是沒有達到正常的標準，沒有合乎通常的水準。過與不及，都是應該避免與改正的。

第二節　隨曲就伸

曲是彎曲之意，曲是關節的含蓄，曲也是氣的蘊藏；伸是伸展、伸出之意，伸是肌骨筋勁的拔放，伸是氣的澎湃，伸是內勁的放射。

隨曲就伸，依字義解釋，就是彼之勢力來時，我隨其勢而曲藏，而後伸放之意，彷如彈簧，你施力於牠，牠就自然的曲涵，而後反彈回去；隨曲這中間涵蓋了走化、接勁與蓄勁，是曲而不斷折的，牠是曲中涵蘊著一股積藏的爆發力的，不是曲死在那邊的，所以，這個「曲」不是敗勢，不是挨打，這個「曲」是蓄勢待發的狀態，是準備

反擊的一股沉斂力勢。

隨曲是順勢接應，不隨曲則成抗頂，隨曲是順化，隨曲是借力使力的運用，如敵攻我而未得逞欲退，我隨彼退時就伸，借力打力。

推手或實戰搏擊，要善於變化虛實來進退屈伸，人伸我屈，人屈我伸，要隨對方的屈伸而屈伸，進退分際要拿捏得宜，退的少變成「不及」，成為頂勢，退的多變成了「過」，成為丟勢，要不丟不頂，才符合「無過不及」。

有人玩推手，不會分辨對方的來力，也就是說他沒有聽勁功夫，只要對方稍有微力過來，他就全身歪七扭八的亂晃，說這就是走化。真正的高手走化，只是身微曲，氣一沉，已經完成化勁。

隨曲就伸，它的曲伸，涵蓋著肢體與氣勁的曲伸；曲時，下腰落胯，束身裹勁，把氣勁摺疊整肅，蓄勢而發。在伸展放勁時，手臂是「似直非直」的，是直中含曲的，腰胯也像一只彈簧機，曲而伸，伸而回。

所以，這個曲伸，不是只有手的曲伸，還有身腰的曲伸，胯腿的曲伸，膝踝的曲伸，是由腳而腿而腰而手的曲伸，是全身完整一氣的曲伸，而且還有內裡氣的曲伸，這個曲伸是涵蓋上下左右內外的，是一個整勁的曲伸。這個曲伸，不是直來直往的，它是走圓弧路線的，而且這個圓弧是極短極小的。

太極行功心解云：「曲中求直，蓄而後發」，又說：「勁以曲蓄而有餘。」這與「隨曲就伸」都有異曲同工之

妙的。

打拳架必須隨曲就伸才能練出內勁，譬如，太極的攬雀尾，掤捋擠按，都是要隨曲就伸的，在牽動往來之中，在往復摺疊之中，都是要隨曲就伸的，因為，曲是要把氣勁蓄整起來，這樣才能在就伸時的發放勁中，凝聚能量，完整一氣的完成發勁動作。也唯有隨曲就伸的蘊蓄氣勁，才能使氣勁在往復摺疊當中，醞釀更充沛而圓滿的能量，累積無限的內勁果實。

太極拳的實戰，出拳是隨曲就伸的，不是直去的出拳。直去的出拳方式，是硬拳打法，它沒有借力的效果；太極拳的出拳是先回收曲蓄，再借圓弧力勢伸放出去，所以它的勁道是直拳的數倍之力，它的爆發力與硬拳是天差地別的，它是富有彈簧勁與摺疊勁的。而且，太極的曲伸，不只是借圓弧走勢力量而已，它在曲蓄時是把氣勁同時蘊藉的，才能在伸放發勁時有瞬間爆破的威力。

隨曲就伸是一種借力行為，譬如，你要跳躍，必須先曲身，借著身體的蹲曲的勢力，施予地面一個壓力，地面因受到這個壓力的壓迫，會產生反坐力，我們在跳躍時就是要借這個反坐力，順勢而跳，才能跳得輕鬆而靈活，才能跳得又高又遠。

太極拳的發勁，是隨曲就伸的，不是直來直往，不是奮力的向前推。發勁時的隨曲就伸，不只是身形的曲伸，還有丹田氣的曲伸，在打下暗樁時，身形與氣勁要同時同步的曲伸，產生摺疊反彈勁，在暗樁打下的剎那，地面所產生的反坐力，是曲伸一體的，是同時完成的，這才

是真正的完整一氣，也唯有如此的真正的完整一氣，才能打出氣勢磅礡的整勁。

第四章　人剛我柔謂之走，我順人背謂之黏。

第一節　人剛我柔謂之走

剛，不是一種拙力，不是用土法煉鋼的方式去把骨頭、肌肉練成像石頭、頑鐵一般的硬。太極拳的剛是由柔練而致，透過以心行氣、以氣運身等等太極的行功心法，去牽動丹田之氣，透過腹內丹田的鬆淨，令氣騰然起來，然後使騰然之氣如膠狀的沉澱於骨膜筋脈之內，久而匯聚成極堅剛的內勁，所以，這個極堅剛的內勁是由鬆柔的練氣方法而成就的。

太極拳主張剛柔相濟、柔中寓剛，所以走化要以柔順為主；彼以剛勁打來，我不能以硬力頂抗，應該順勢走化，使對方力量落空，沒有著力點，好像打到空氣一般，也就是說己方要順勢走勁，使對方形成背勁之勢，這叫走。

走，不是身體歪七扭八，前俯後仰；走，是腰胯的落沉，也涵蓋丹田之氣的落沉，不純是肢體的扭動。

如何才能做到人剛我柔？這個「我柔」的「柔」是有條件的，只有達到「我柔」的功夫，才能在「人剛」的

時候，以「我柔」應之，如果沒有成就這個「柔勁」的功體，在「人剛」的力勢逼進時，只以身體去閃避遊躲，這不能稱之為「走」，而是一種「逃」。所以，這個人剛我柔的「柔」是有功體成就的條件的，只有具備這個條件，才能謂之「走」。也唯有成就了「柔勁」的「我柔」功夫，才能克服「人剛」的威勢

那麼，如何才能成就「我柔」的「柔勁」呢？只有專氣才能致柔，只有專氣才能百煉成鋼。

所謂專氣，就是將體內之「氣」專一、集中統攝起來。專氣，就是將寶貝的氣，與自己的心相守於丹田，心息相依，不即不離。

「專氣」為何能「致柔」呢？因為氣能驅血而動，血是熱的，氣也是熱的。太極十三勢歌云「腹內鬆淨氣騰然」，腹內鬆淨了，丹田之氣自然會熱騰起來，氣，熱騰了，就會滲入骨髓筋膜之內，使骨髓充實，筋膜富有彈性，也能使筋骨達到柔韌的效果，這就是老子所謂的「專氣致柔」的道理，能專氣致柔，就能返老還童，像嬰兒一般。

沒有「專氣」是不能「致柔」的；沒有「專氣」的鬆，是懈漫的。沒有「專氣」的鬆，是一種「頑鬆」，是不切實際的懈怠，不是真正的鬆。「頑鬆」不能「致柔」，無法練出太極內勁，不能成就太極拳的功體，無法成就太極之發勁上乘功夫。

百煉鋼，是一種冶煉鋼鐵的過程，煉鋼是得經過千錘百煉的。所謂百煉鋼，是將鐵放在火堆上燒，然後摺疊

鍛打，再燒，再摺疊鍛打，再燒，經過千錘冶煉而成為極堅剛柔韌而有彈性的金鋼，這就是百煉鋼。

太極拳的百煉成鋼，是透過「運勁」的過程。運勁，顧名思義，乃是內勁已經成就，或少分成就，透過拳架或基本功加以行運，使這個勁，愈練愈柔愈韌，用時愈剛愈脆。若是內勁尚未成就，只能稱之為運氣或行氣。

運勁，與鋼鐵的冶煉是同一個道理，也是得經過千錘百煉的，才能百煉成鋼，運勁也要如百煉的鋼，才能成就極堅剛的內勁，才能無堅不摧。

勁要如何運？運勁是主導於丹田之氣，由下盤之湧泉腳掌，以暗樁深入地底，依藉兩腳暗潮沟湧之二爭力，帶動牽引腰脊，氣貼於背，以丹田之氣為主宰，驅動身子。

在往復摺疊的運勁過程中，須以下盤腳樁的暗勁，藉由二爭力的使運，牽動腰、脊、身、手臂，在往復摺疊中，要須自己去營造重重疊疊，一波接一波，相續不斷的阻力，使體內的氣與外面的氣，互相激動、牽引、磨盪，而產生肉眼看不到的無形電能、磁場。

經由「百煉」的運勁過程，這個勁越煉越精、越韌、越Q，當這個勁Q透了，「柔勁」就出來了，所以，這個「柔勁」是「百煉成鋼」後的結晶，先得有「百煉成鋼」的功夫後，才能成就這個「柔勁」，有了這個「柔勁」，才能「人剛我柔」，才能「以柔克剛」，才能謂之「人剛我柔謂之走」，否則這個「走」，都只是膚淺的「逃竄」、「閃躲」、「避難」罷了。

第二節　順與背

順，是順暢、順遂、順勢；背，是滯礙、違逆、背勢。順，是指拳架的舒順、暢流，是指拳架的至柔至順，如行雲流水，沒有絲毫的阻擾；打拳架須有圓融性及協調性，周身的協調貫串完整，就是圓融；沒有達到圓融就是有了缺陷，譬如沒有綿接的斷勁，或步法虛實的違拗及身形的蹩扭等是。這些缺陷，就列於「背」的範疇。

背，也是指二人之推手或散打搏擊時，處於背勢、失勢狀態，受到對手的牽制或控制，處於被動的劣勢狀態。

打拳架，身子架勢務必柔順暢達，須有節奏動律，不可有缺陷處，不可有凸凹處，不可有斷續處。虛實變換須清楚，不可像走路一般忽略而過，邁步要如貓行，須沉穩而輕靈；運勁要如抽絲，緩而不滯，勻而不呆。

在內氣的行運方面，須沉著而內斂，須順遂而便利從心，不可駕力鼓氣，使氣受到憋岔、拗抑，造成內臟之鬱傷。

第三節　我順人背

我順人背，是指推手或散打搏擊時，己方取得優勢，彼方處於劣勢，也就是己方取得主控權，能掌控彼方之勢力，使對方處處受制於我，無法發揮身勢與力量，有

力出不得，或出力卻落空，得不到打擊效果。

　　我順人背，需要高度的靈敏「聽勁」功夫，在沾連黏隨當中，以皮膚神經觸感或高深的氣的感應覺受，去發制於人。

　　在與敵對峙當中，不是比力氣，也不是比速度，力氣與速度都是先天之能，與太極拳之甚深功夫無關，太極拳的四兩撥千斤，不是以力取勝，不是以快速而制敵。那麼，太極拳如何制敵取勝？除了成就極甚深的內勁功夫而外，靠的就是「聽勁」反應。聽勁，就是觸覺神經的反射作用，是透過老師的「餵勁」，使你的神經覺受，被你的大腦意識所記憶，使那個覺受感應變成一個慣性作用，而被儲存記憶，這種記憶是不必刻意透過大腦神經的讀取而記憶的，這個意識像電腦一樣，可以儲存你的所見、所聞、所作、所為，我們的一切行為、思想，做過的，想過的，都會被意識所記憶，譬如，你練推手練聽勁反應，它也會被意識所記憶儲存。

　　聽勁，既然是觸覺神經的反射作用，而這個反射作用是透過「餵勁」的鍛鍊過程，而被意識所記憶儲存，這個「記憶儲存」不是像背書一般的死背蠻記，不是一成不變的固定反射，它會隨著不同的力勢，做出適當而正確的變通反射作用，而成為太極拳特有的「懂勁」功夫。

第四節　何謂「黏」

　　黏又稱為粘，黏是正字，粘是別字，是同一個意

思，有人用黏，有人用粘，意思是一樣的。

太極八字歌云：「若能輕靈並堅硬，沾連黏隨俱無疑。」又說：「果得沾連黏隨者，得其寰中不支離。」沾、黏是不同的份量，沾，是輕輕的貼著，像蜻蜓點水；黏，是附著，難以開脫。沾是輕敷著，黏是纏裹者。

沾著是讓他不離，黏著是使他不脫；沾是探消息，觸探敵情，黏是控制勢力使其難逃；沾而連之謂「不丟」，黏而隨之曰「不頂」，能夠「沾連黏隨不丟頂」，才能「引進落空合即出」。能夠「沾連黏隨不丟頂」，就能「上下相隨人難近」，這是太極「打手歌」裏面說的。

第五節　我順人背謂之黏

我順人背為什麼「謂之黏」？因為你欲黏著對方，想纏裹著對方，一定要自己處於順勢地位，處於優勢地位，你才能掌控對方，取得控制權；如果自己處於背勢、劣勢、敗勢，只有挨打的份，只有被牽著鼻子走，逃都逃不及了哪還談得著黏字。

這個黏，並非用力的附著對方，也非用力的抓住或扣住對方而使其不得脫離。黏，含有沉勁及聽勁功夫，只有沉勁及聽勁功夫成就了，你才能輕而易舉的黏隨著對方，不即不離，才能有克敵制勝的機制效果。

沉勁是透過以心行氣及以氣運身的長期鍛鍊，使氣騰然後成為稠膩的液體，斂入而附著於骨脈之中，形成內勁，謂之沉勁。有了這個沉勁，你雙手輕輕地以沉勁、暗

勁搭在對方身上，就能不費吹灰之力而輕易的撼動對方的根盤，使其虛浮搖擺，重心無法落沉，而被你掌控力勢、動向，玩弄於股掌之中。

有了這個沉勁，與對方搭手或搭上身體，就能不黏而自黏，好像吸盤磁鐵般的吸附黏着，而這個吸附黏着並非刻意用力去使勁的，因為自身的勁是沉的，它是自然的落沉而吸附黏着於對方，使其不得脫離，而被我所掌控，這個主控權是由我所掌握的，所以從機勢而言，我方是取得順勢的，對方則是處於背勢，由於沉勁的掌控黏着而取得優勢順位，所以才會說「我順人背謂之黏」，因為「我順人背」是得之於「黏」，而這個「黏」乃是沉勁的結晶。

我順人背，除了沉、黏之勁而外，還得加上「聽勁」靈敏才能相輔相成的。聽勁，是預知對方的來力、方向、動機，而予制敵機先。若能成就聽勁功夫，進而達到懂勁的境地，在技擊搏藝之中，你才能隨心所欲，我順人背的進到「黏勁」的高深層次。

第五章　動急則急應，動緩則緩隨。

第一節　急應與緩隨

動急則急應，動緩則緩隨，是指用法而言。意思是說在推手或實戰搏擊時，如果對方很急速的發動攻擊，己

方就要疾快的做出應對動作,這個動作包括走化、接勁及沾連黏隨等聽勁功夫,作為急應措施;反過來說,若是對方的攻擊力道、動作是緩慢的,那我也應以緩和的方法來隨合他,不必急就章而自亂腳步,自亂方寸。在緩急之間,如何拿捏?也只有以聽勁做為反應的指標,去判斷虛實的變化;也只有達到懂勁的上乘功夫,才能做出「動急則急應,動緩則緩隨」的準確應變。

第二節　動急與動緩

動,有外動與內動。外動是身形與勢力;內動是意、氣、勁與神的結合。外動的急緩,由大腦神經主控;內動的應變,是意識的自然反射作用,是意識經由長期的正確訓練過程所累積儲存的記憶,不必經過判讀與思維反射而出的自然「神變」。

「神變」,就是下面第七章要論述的「階及神明」的不可思議的懂勁功夫的莫測變化,也只有達到懂勁功夫的太極修煉者,才能達成「神而明之」的甚深、極甚深的不思議境界之武學。這部分就留到第七章來細述。

第六章　雖變化萬端,而理惟一貫。

這是說太極拳的應用變化,太極拳的剛與柔、順與背、走與黏、急與緩等等,雖然應變千頭萬緒,雖然動作

千變萬化，但它的道理是一貫而不變易的，是可以互相貫穿、通達的。

太極拳的運用，不是一成不變的，要須隨著對方的剛柔、虛實、緩急，做出正確而神速的應變措施。法是死的，用是活的；如果固執於死法而不能靈活應用變化，是為冥頑之人，非「懂勁」之人。

某些招法可以這樣用，也可變化為別的方式用，一式可以變化百種千種的用法，拳可以再生拳，招可以再變化招，無限的變化，這就叫做活用，不會活用，就是死功夫。如果執著於某招固定某種用法，拘泥於機械化，將被圍束於死胡同之中，所以說千拳歸一路，一路變千拳。這是活用，也是無定法。

這邊所說的「而理惟一貫」，是廣義的涵蓋用法的貫穿性與貫通性以及拳理的一貫性與不變性，也就是說太極拳的運用，雖然有陰陽虛實的變化，有剛柔緩急的變化，有走化黏隨的變化等等，但是你不能脫離太極應有的本質、內涵、精神，譬如：太極的「鬆柔」、「不用力」、「以心行氣」、「捨己從人」、「邁步如貓行」、「運勁如抽絲」等等，這些太極拳所含括的本質、內涵、精神，有其一貫性與不變性，是不能有所改變的，如果跳脫了這個本質、內涵、精神，就不是太極拳了。

佛法有八萬四千法門，是佛陀針對所有眾生之不同根器而施設，有的眾生適合修學人天善法，有的適合修學小乘聲聞解脫之道，利根菩薩種性則能修唯識如來藏實相之學。同樣一個法，對不同的眾生，有不同的說法，有時

太極拳經論透視

說有，有時說無，有時說一，有時說異，然而其最終之目標，無非讓眾生皆得同證菩提，悟無生法忍，而達於佛地。

武術之修煉也是一樣，有的適合練內家，有的喜歡練外家；內家練錯方向會變成外家，外家體會深了也能練入內家，這都是根基與悟性的問題。

佛法的修行雖有八萬四千法門，但是，最後的證悟都是相同的，就好像通往羅馬的道路雖有千萬條，然而，條條道路通羅馬，只要路徑正確，不是背道而馳，終可到達目的地。

太極拳雖然門派眾多，招法各異，但是，太極拳特有的本質、內涵、精神，太極的「鬆柔」、「不用力」、「以心行氣」、「捨己從人」、「邁步如貓行」、「運勁如抽絲」等等，都是無法改變的，因為太極拳「理為一貫」的關係，所以，太極拳特有的本質、內涵、精神，是一貫而不變的。

然而，太極拳雖然變化萬端，這是指用法而言；在它的本質，它的內涵，它的精神，是不能脫勾而跳離的。若以不正確的主見而自是，若以脫離太極的本質內涵而辯稱不頑於死法，是為愚者之說，非為正說，這點須要明確的去辨識。

第七章　由著熟而漸悟懂勁，由懂勁而階及神明。

第一節　著　熟

著熟的「著」字，是「法」的意思，這個法，包含招法、勢法、用法等等。

招法是各別的一式，譬如：白鶴亮翅、野馬分鬃等。勢法是招法的連用，譬如：攬雀尾的「掤捋擠按」等。用法是招法與勢法的靈活運用與變化，譬如：推手與散打。

熟，就是已經成就，已經圓滿。譬如，飯菜煮熟了，才能食用；水煮熟了才能喝飲。

拳法的著熟，不只是招法的純熟，不只是外表形勢的純熟，還包含內在的氣的飽滿凝聚，內勁的圓熟成就等等，才可謂之「著熟」，若只是招式熟稔，還不能稱之為「著熟」，而且「著熟」還涵蓋著用法的純熟，聽勁的純熟，內外虛實變轉的純熟，是全方位的純熟，才叫做「著熟」。

招式的純熟，從起式至收式，須一招一招的單練，然後，連結貫串起來，要練至不須透過思維想像，而能自然的把拳式流露出來，這是招式的純熟。

勢法的純熟，就是招式的連動運用之熟稔。這個招式如何運用，如何借力，如何省力，如何以四兩之力而撥

動千斤，如何借力打力，都須依靠勢法的純熟而能致之。勢法就是台語的「勢面」，「勢面」純熟，用法才能有所變化。

用法的著熟，包含推手與散打。推手與散打涵蓋著身法、步法、手法的貫串連動與虛實變化。

氣的著熟，是屬於比較高深的功法，為何如是說？因為太極拳所有的功法，包括招式的純熟、勢法的純熟、用法的純熟，都必須涵蓋著氣的內涵，都必須有氣的運作，譬如，氣的吞吐、氣的蓄蘊、氣的摺疊、氣的提放、氣的沉著等等。在拳架招式方面，若氣的行運不著熟，就會現出斷續、凹凸、缺陷之處；在勢法方面，若氣的走勢不流暢，就會現出「勢面」的萎頓與挫折；在用法方面，像推手或散打的運動，若沒有氣的著熟配合，則無法呈顯放勁的爆發力以及接勁與走化黏隨的功夫。

所以，「著熟」是涵蓋招法、勢法、用法，以及氣運行之熟稔，是太極拳功夫的全方位，須是內外兼顧，面面俱到的，始得謂之「著熟」。

第二節　懂　勁

懂勁要分兩個層面來說，一個是「體」，一個是「用」，體用兼備，謂之懂勁。

體，是指功體，其終結目標就是成就內勁，若內勁不成就，而只會虛有其表的走化，不得謂之「懂勁」。

「內勁」如何成就？用「極鬆極柔」的「以心行

氣」，透過「腹內鬆淨，氣騰然」，氣騰然之後，經過「務令沉著」的修煉，終而「乃能收斂入骨」，日積月累，滙聚而成「內勁」。這些都是太極經論及行功心解的明言，都是前人祖師爺的智慧結晶，修習太極拳者，應當深信不疑。

有些人否定「氣」與「內勁」的存在。如果一味的否認「氣」與「內勁」，那麼，學太極拳，到底是在學什麼呢？做做體操的膚淺運動而已嗎？比手畫腳扭腰擺臀，裝模作樣的花拳繡腿把式而已嗎？學練太極拳一輩子，到底所學何事？只是為了向人炫耀自己有學太極拳，追隨那些已逝的清朝王公哥兒們的趕流行，附會風潮而已嗎？

太極經論、行功心解、打手歌等等經典，在在都是循著「氣」與「勁」為主軸在細述，祖師前賢們苦口婆心的敦敦教誨、叮嚀，卻換來某些凡愚輩的鄙棄，真是顛倒愚癡，無可言喻。

內勁的成就，是涵蓋下盤「樁功」的成就及雙手「掤勁」的成就，何以如是說？因為，拳經云：「其根在腳……形於手」，如果「樁功」未成就，謂之「無根」，湧泉無根，則「力學垂死終無補」。手的「掤勁」不成就，則發勁不得成，無法形於手，無法完整一氣；沒有「整勁」，就是功體未成就，不得稱之為「懂勁」。

還有丹田之氣飽滿凝聚，才能「主宰於腰」，氣不沉於丹田，則「腰無主」，也將落得「力學垂死終無補」之局面。所以，湧泉要有根，才能「其根在腳」，氣要沉聚丹田，才能「主宰於腰」，手要有掤勁，才能「形於

手」，三者兼具，才能「完整一氣」，才能達於「懂勁」的境地。

在「用」的方面，要透過推手練習，掤捋擠按須認真，上下相隨人難進；引進落空合即出，沾連黏隨不丟頂。太極八字歌云：「掤捋擠按世間稀，十個藝人十不知；若能輕靈並堅硬，沾連黏隨俱無疑；採捌肘靠更出奇，行之不用費心思；果得沾連黏隨者，得其寰中不支離。」太極八法，四正四隅，掤捋擠按，採捌肘靠，若能練到「行之不用費心思」，能夠沾連黏隨，化打隨順，就能達到「得其寰中不支離」的境地，才是「懂勁」的境界。

推手之「用」，在於「聽勁」，聽勁練習必須透過老師的「餵勁」，才能夠「聽」，才能使反應逐漸靈敏起來。「聽」，是用神經觸覺去感應，使反射神經起到「階及神明」的境地，使反射神經成為一種慣性，起到自然反射作用，這是無為而為的功夫，不是刻意透過意識思維的傳達，而令外形肢體在那邊顛三倒四，歪七扭八，前俯後仰，全身晃動，只差沒有把骨頭搖散掉落者的所可比擬。

功體內勁的成就，已屬不易，用法更是困難。拳論說：「每見數年純功，不能運化者，率皆自為人制，雙重之病未悟耳。」雙重，是指轉化虛實的用法不當而形成凝滯。為何已經成就了數年的「純功」，功體既已純熟了，為何還不能運化？乃因不懂得虛實變化之理，不懂得陰陽相濟方為懂勁的道理。因為虛實不能變轉，而形成比對、方位的「雙重」，譬如，上下雙重，前後雙重，左右

雙重，內外雙重等等，雙重是兩處凝滯而不能運化，成為雙重之病；雙重，不是只有兩腳的等分比重，若主張「全身重量只許站在一隻腳上，若兩腳時用力就是雙重」，而且把這句話當成神主牌，當成聖旨、座右銘，都不能稱為「懂勁」之人，都只是自個的主觀成見及人云亦云，食人涎唾的崇拜盲目追隨者，不是有主見及有實證功夫之人，不可與人言「懂勁」。

若誤認少林的馬步為「雙重」，是個人一己的主觀偏見，是膚淺的認知，是未悟「懂勁」之人，亦是「不著熟」之人，非貫通拳理之人。

行功心解云：「能呼吸，而後能靈活。」靈活就是轉變虛實得宜，陰陽能夠相濟；能呼吸，是指善於運用丹田之氣來轉化虛實，由內領導於外，以內面的丹田之氣為主宰，達成內外相合，上下相隨，使之完整一氣，達成一個「整勁」。

能領悟「能呼吸，而後能靈活」這句話的人，才是真正「懂勁」之人，才可以為人師。

第三節　階及神明

「由著熟而漸悟懂勁」，著熟以後就漸漸能夠體悟「懂勁」的道理，知道勁的用法，收放自如，隨心所欲；懂勁以後，就是階及神明，就到達神而明之的境界，能預知對方的動向，掌控對手的局面，知己知彼，百戰不殆，英雄所向無敵。

階及神明，就是一階段一階段的逐步上升，而達到神妙高明，隨心所欲的太極甚深功夫。「由著熟而漸悟懂勁，由懂勁而階及神明」這句話就是說，從招法、勢法、用法等逐步的熟稔後，漸漸悟到「懂勁」這個神妙的不思議武功，達到「神而明之」的微妙境界。

階及神明的境界到底是怎樣？

首先，來敘明「神明」兩個字的義涵，神明依字義解，是神而明之之意，也就是說能像神祇一樣，甚麼事都能明白了知，也是有神通境界的意思，來去皆知，過去未來皆知。

以「神明」的境界，來比喻在太極拳的推手及實戰時之感應靈敏，能預知敵人之動向、動機，而掌握機先，知己知彼，克敵制勝。

所以，太極拳欲達到「神明」的靈敏境界，欲達到「神明」的神通境界，須由「著熟」、「懂勁」的階程，然後才能達成。

第四節　練神還虛與階及神明

有一部影片叫「推手」，由郎雄主演片中的孤獨老人。

孤獨老人在片中曾兩次言及練神還虛難，一次為兩代之間的代溝，其內心感慨良多，心中起伏不定；一次為離家出走，到餐館上班，被老闆出言奚落，回家後甚為難過，雖盤腿想打坐入靜卻不得靜，有感而語。

　　練神還虛屬上乘功夫，萬人之中難得一、二，凡夫俗子無法達此境界，練神還虛，需透過修行，凡事不執，包容萬物，不住名利，不留半點塵埃。

　　依據丹道氣功的說法，練功的程序次第，為「練精化氣，練氣化神，練神還虛」。

　　練精化氣是運用呼吸調息的氣功運行，培養丹田之氣，因為氣騰然作用，使黏稠之精化為如蒸氣似的液態，這是小周天的初階功夫，又叫築基功夫。

　　練氣化神是將氣通過奇經八脈、十二經脈，氣遍周身，使得精與氣相互結合，達到補益腦髓，強化精神層面，是為第二步功夫。

　　練神還虛，是意神已經達到虛靈的境界，氣能流轉周天，也能與天地合而為一，進入「道」的境地。

　　太極拳的修煉，分為兩個層次，一是有形的練氣，一是無形的修心，也就是走修行的路。

　　有形的練氣，就是透過以心行氣，務令沉著，而收斂入骨，匯聚成內勁。內勁是一種有形質的量能，能透過太極心法的鍛鍊，而匯聚累積功體。經由拳架、推手的訓練，達到招法、勢法、用法的「著熟」，聽勁的「著熟」，終而達到「懂勁」的境界，最後由「懂勁」達於「神明」的境界。

　　無形的修心，經由修心養性，淡除五慾，令心清淨，心能清淨，神自安寧，神寧而還虛，與道合真，也能達於「神明」的境界。

　　所以，太極拳的修煉，是身心並練，是性命雙修，

如是才能真正的「階及神明」。

 **第八章　然非用力之久，不能豁然
貫通焉。**

「用力之久」係指練功夫的深度，用了很多時間及心思去老實練拳，不是指用力氣蠻練。「非用力之久，不能豁然貫通焉。」是說沒有經過長久的認真努力，老實練拳，永遠不能貫通的。如果能自己老實練拳，腳踏實地，堅持不懈，在練的過程當中，一定會有所「悟」，悟到內勁的修煉方式，悟知了法，成就了內勁，加上聽勁用法的鍛鍊，終於達成「懂勁」功夫，此後，愈練愈精，默識揣摩，漸至從心所欲。

這個「豁然貫通」就是說，在長期的老實修煉中，到了某一個層次，就忽然完全悟解而通達了所有的拳理以及神妙的用法。

所以，這個「豁然貫通」的前提，就是「用力之久」，你得用很多的時間、精神去老實練拳，去默識揣摩，你得認真努力，腳踏實地的去修煉，才能得到正果，才能成就內勁，進而懂勁，才能忽然間而豁然貫通，而階及神明。

所以，這個「豁然貫通」，不是成天的胡思亂想，不是躐等以求，不是因循怠惰，而能一夕之間的豁然貫通。

「豁然」，是開闊、開達之意。「豁然貫通」，意

謂突然間就開闊貫通的意思。然而，太極拳功夫的「豁然貫通」，是得經過千錘百煉的，就像把生鐵錘煉成金鋼一樣，須要經過千錘百煉的過程，不是一蹴可及的，不是一步而可登天的。

太極拳的成就，有所謂的「十年太極」，要成就太極拳的甚深武功，十年算是快的，你如果要去計算時間，是絕對練不下去的，因為十年，似乎很遙遠，要達到目的地，好像遙不可及，好像遙遙無期。但是，只要能堅持不退，成功是遙遙在望的，只要能認真努力的老實練拳，終於有那麼一天，忽然水到渠成，所有的太極功夫瞬間「豁然貫通」，某些功夫，在不知不覺中，就會了。

譬如，發勁、打樁、氣的自然運作等等，都將自然而然的自己跑出來，此時才能深刻體會這「豁然貫通」的不思議處。而這「豁然貫通」之日，你已然流出不可算計的汗水與精神，你除了老實努力的練拳，也花了很多的心思去悟，去想，去思維整理，才能有多年之後的今日的「豁然貫通」。

很多人練拳，練了幾十年，甚至練了一輩子，最終的結果，只得個「到老一場空」，沒有練出「真功夫」，真是令人引以為憾。其癥結在於自己沒有老實練拳。

練拳不只是手腳在練，而是用心思在練，在在都須用心去思維，在靜心、用心、真心的老實練拳當中，透過真實真意的實踐體驗練習，這樣才會有所領悟；練拳不是憑空想像，不是心存幻想而能致之的，而是必須苦心造詣，用心用功，才能「學力而有為」的。

只有「用力之久」的「老實練拳」，才能在若干年之後而「豁然貫通」；如果沒有「老實練拳」，沒有「用力之久」，絕對不能「豁然貫通」。

第九章　虛領頂勁，氣沉丹田。

第一節　虛領頂勁

虛領頂勁，意謂將頸部虛虛輕輕的領著，不要垂下來，變成垂頭喪氣，也不要往後仰，眼睛長在頭頂上，顯示出傲慢相。頂勁，是將頸椎輕輕向上頂起，用內氣內勁輕輕頂著，不是使用硬力拙力去頂，「頂」字往往被誤會成用力頂，如果用力頂，則違反「不丟不頂」的原則，丟了就不能虛靈，變成頑敏，腦筋暗頓，所以「頂」是涵拔的意思，涵蓋著掤意在內，能使氣血通達百會穴，然後往下而氣沉丹田，令氣在體內循環無阻。這邊太極拳論「頂勁」用勁字，很顯然是要以心行氣的，是要運到內勁的，才能使氣通行的。

行功心解所謂的「頂頭懸」，就是虛領頂勁的意思，能頂頭懸，則能「精神提得起，無遲重之虞」。古時候的人留長頭髮，紮辮子，將辮子往上拉，頭就挺拔直立起來，就會有精神，不會昏沈打瞌睡，讀書才能記憶，這就叫做「頂頭懸」，把頭懸起來，頂起來就叫做虛領頂

勁。下巴微微往內收，就能虛領頂勁，就能頂頭懸。我們看武聖關公相，正身端坐，一手拿千秋，一手攬著鬍鬚，眼開三分，虛領頂勁，一副正氣參天，正氣凜然的神貌，就叫人生起敬畏之心，這是虛領頂勁。

虛領頂勁與虛靈頂頸，是同一意思，只是後人在譴詞用字有別而已，是相通無異的。

我們的頸椎，是由多個椎骨串連起來的，它也是蠻脆弱的，稍不留意就會受到傷害，那麼頸椎的底部需要有個依靠，就像積木一樣，底部須要穩當，如果底部搖晃，上面的積木就會全部崩塌下來。所以需要虛領頂勁，以內氣作為頸椎的依靠，那麼在頭頸受到劇烈搖晃時，才不會受到傷害。

第二節　氣沉丹田

氣沉丹田，這個名詞幾乎是太極拳所專有，其他諸如形意、八卦或類屬內家拳的系統，會講到氣沉丹田，其他硬拳系統比較少注重氣沉丹田，而偏重於力量的訓練。

太極拳是講求「運勁」的，而運勁的前提是須先儲備丹田之氣，若丹田沒有充實渾厚的氣，就無法成就內勁，也無法運勁而成「百煉鋼」，所以，欲成就內勁，再而運勁而成「百煉鋼」，須先儲備丹田之氣，而丹田之氣的儲備，靠的就是「氣沉丹田」。

「丹田」又稱為「氣海」，是耕耘內氣及修煉內丹的一塊「田地」，所以武術家及練氣士就把它稱之為「丹

田」。丹田就像大海，可以容納百川之水而不溢滿，丹田也可以儲蓄極量的內氣，而不溢損，故曰「氣以直養而無害」，不僅無害，對身體的健康是有極大的益處的，因為氣滿而神足，因為氣滿而血液循環無礙，也因專氣而能至柔，因至柔而嬰兒乎，而返老還童，返璞歸真。

太極拳，無論拳架、推手、散打，都是須要運到氣的，若沒有丹田積存足量渾厚的柔韌而堅實的內氣，則不能為之所用，如果沒有內氣作依歸，則拳架將變成空洞無物的花拳鏽腿，推手將變成頂力、摔跤的鬥牛式，散打也將流為混混式的街頭打架，是毫無章法與內涵的，如果是這樣，那麼，就不是太極拳了。

氣，如何沉於丹田？靠的是全身的放鬆，身心俱鬆，而且要鬆淨，鬆的乾乾淨淨，身體不存一絲拙力，心裡不留一毫罣礙。將氣統一、沉守，不要讓氣散漫、失離，將氣專集守住，守在丹田，沉斂聚於丹田，這就是「氣沉丹田」。

丹田像一個「氣囊」，如果氣不沉聚於丹田，那麼，這個囊就癟扁而不開拓；丹田之氣愈飽滿充實，這個氣囊就愈碩壯而堅厚。

氣沉丹田就是將寶貝的氣，與自己的心相守於丹田，心息相依，不即不離，在心息相依之下，將氣靜靜的、默默的沉守於丹田，把它照顧好，不失不離，這個氣經過長期的沉守，就會慢慢的匯集、儲存於丹田，而成為一個堅實、柔韌的氣囊。

第三節　氣沉丹田與氣宜鼓盪

　　氣的鼓盪，是利用鼻子將外面的空氣，透過呼吸、吐吶，將空氣徐徐、慢慢、深深的吸入腹部丹田處，藉著順呼吸或逆呼吸等方法，使氣在橫膈膜間，上下壓縮，氣被擠壓，就有壓力產生，這氣的壓力可以令內臟得到適當的運動，就稱之為內臟運動。練氣的人或練太極拳的人，功夫深時，可將丹田之氣，藉意念的導引，從尾閭牽引至夾脊，上至泥丸，然後往下回歸丹田。而且氣可兵分多路，運行至末梢手指勞宮或腳根湧泉，終而氣遍周身。行功心解云：「以心行氣，務令沈著，乃能收斂入骨。」意謂以意念去導引運行丹田之內氣，一定要鬆淨沉著，如此，氣就能斂入骨髓，形成極堅剛的內勁。

　　行功心解又說：「腹鬆，氣斂入骨」、「牽動往來，氣貼背，斂入脊骨。」在在明說氣是可以因鬆而斂入骨，可以牽動往來，氣貼背，斂入脊骨的。斂入骨，就是聚集內勁。

　　內勁是因練氣而聚集，是以鬆柔的以心行氣，令氣沈著，終而能收斂入骨。所以，要成就太極的甚深內勁功夫，入手處就是「氣沉丹田」。

第四節　虛領頂勁與氣沉丹田的連帶關係

　　虛領頂勁，則氣行百會而神貫頂；氣沉丹田，則氣

透會陰上行督脈，再經百會下行任脈而歸於丹田，形成一個小周天的氣的運行，這裡面有道家丹道的影子，太極拳自古以來，似乎與道家是不能分離的。

我們在發勁打人之時，必須氣沉丹田，藉由丹田之氣打樁入腳根，才能完整一氣的達成發勁動作，所以，發勁時，氣必沉，沉於丹田，沉於腳底。

發勁的力道是極為強大的，依據物理原理，放出的力量越大，它的反坐力也更大，有時打人反而被反坐力回擊，傷到自己。頸椎是比較脆弱的，如果沒有虛領頂勁，沒有一個掤勁作支撐，那麼，被反坐力回打而傷及頸椎的機會是極大的。所以，打人先要顧己，不可忘記虛領頂勁。

第十章　不偏不倚，忽隱忽現。

第一節　不偏不倚

不偏不倚，在拳架方面要立身中正安舒，支撐八面，不可歪斜，失去平衡中定。

拳架的不偏不倚，是有前提要件的，就是下盤根基的穩固如山，這之中又牽涉到樁法的層面。因樁法的基礎工程必得有內氣的沉著挹注，才能成就穩如泰山的樁功，也因為有內氣的長期深耕儲存，才能成就入地生根的樁功

之基礎工程。

　　樁功成就後，走起拳架，才能四平八穩，才能邁步如貓行，才能虛實分清。在推手方面，才能變化虛實，得機得勢，處於不敗之地。

　　不偏不倚，除了在拳架方面要保持立身中正之外，在推手搏擊方面更須維持不偏不倚，不能為了把人發放出去而探身前傾，不可為了走化，而後仰或左右歪斜。

　　不偏不倚，更深一層的解釋，是發勁要發的中，要沉著鬆淨，專主一方。

　　發勁如何專主一方？

　　專主一方，就是發勁主力專注集中於一處、一點，火力全開，就像打靶，命中紅心，還要有摧破之力。專主一方，不能缺少意念的領航，不能缺少丹田之氣的鼓盪爆破，不能缺少下盤樁功的暗勁打樁，不能缺少手的掤彈沉勁，所以，專主一方，必定要有完整一氣的整勁作為前提依歸，發放出去的勁道，才能集中於一方、一處、一點，瞬間拔動對方根盤，奔跌而出。

　　所以，專主一方，就是不偏不倚，命中紅心。這個不偏不倚，要須拿捏準確，瞬間擊發而不猶疑，而且，要發而必中，始得謂之不偏不倚。

　　不偏不倚最重要的要件，是丹田之氣的專集、凝聚，而且，由於意念的領航，可以意到、氣到、勁到，瞬間完成一個整勁，謂之完整一氣。也只有完整一氣，掌握虛實，才能達於不偏不倚的完美境地。

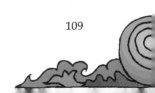

第二節　忽隱忽現

忽隱忽現，是指用法而言，是指推手或散打而說。

隱，是隱藏，現，是顯露；隱，是未發之際，無蹤可尋；現，是有可乘之機，立即發動。隱，是不露痕跡，匿藏於密，令敵無下手處；敵若蠢動盲進，我於引進落空後，迅雷不及掩耳的，意一領，氣一沉、一盪，即刻還擊，這就是「現」，立即顯現，疾速的反射回打，這個「快」，這個「現」，沒有時間性，沒有距離性，不必透過大腦神經的思維整理，純是意識的自然反射作用，所以是迅雷不及掩耳的，是令人措手不及的，無法防範的。所以，這個「現」，是「乍現」，突如其來，忽然爆出，是神鬼莫測的。

隱，不是將身體隱藏起來，也不是用手掩遮著身子，不是以手在體外架設一道牆。

太極推手常見的毛病，就是體外架設一道城牆，雙手護著身體，不肯讓人近身，認為這樣就是最好的防禦，殊不知如此作為，乃是一種頂抗的劣習，表面上看起來好像能使對手不易攻進，自己似乎是站在有利的位勢，但是長期以往，練成了滿身的蠻力，兩臂僵滯，對身體的聽勁敏覺能力，反而不能成就，可謂貪求眼前之暫勝，卻使自己的功夫停滯不前，失之多矣。

「現」的另一層意思，是自己露出了敗闕，顯現了自己的缺點，譬如，上舉之以雙手在體外架設一道城牆，

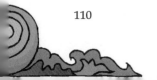

預告自己的內餡給對方知道，因為自己以雙手在體外架設一道城牆，就表示自己的走化功夫不夠好，或者沒有接勁的水準，所以只能以雙手護於體外，去做格擋、頂撞、頑抗等等下劣的保護措施。

高手能將身體讓出來，故現空城計，不怕你去打，因為他有隱藏於密的深層內涵功夫，他的內裏，隱藏著不為人知的神妙虛實變化，隱藏著不為人知的氣的吞吐摺疊，隱藏著不為人知的含裏化勁，隱藏著不為人知的下盤穩固如山的接勁神功，這是真正的「隱」。

拳論所謂的「忽隱忽現」是指太極功夫已臻妙境，神奇莫測，在「隱」的時候，讓人摸不著邊，找不著頭緒，讓人怎麼打，怎麼發，都是落空的。在「現」的時候，在發勁攻擊的時候，總是讓對方逃不了，每發必中，無處可躲。「忽隱忽現」，是虛實的神妙變化，忽而隱密，忽而乍現，神不知鬼不覺，神龍見首不見尾，達到人不知我，我獨之人的高深境界。

第十一章　左重則左虛，右重則右杳。

左重則左虛，右重則右杳，望文知義，就是對方的重力加在我的左邊，也就是他打我左邊，我左邊就放虛，化去來力；對方的重力如果著在我的右邊，我的右邊就放鬆，使其力量落空。杳，是虛無、不見、沒有、不可捉摸的意思。

左重則左虛，右重則右杳，說起來容易，要做到是比較困難的，這牽涉到聽勁反應的層面，而且也涉及到功體深度，要體用並俱，才能真正做到左重則左虛，右重則右杳。

功體方面，涵蓋著樁功、掤勁及丹田氣的凝聚飽滿沉著。

樁功若未成就，任你如何的能左虛右杳，還是要被打出，因為，下盤沒有基礎，根不入地，沒有辦法承接對手的來力，縱然，左虛了，右杳了，照樣還是要被打出。

掤勁若未成就，雙臂沒有承載力，不能藉由兩臂之承載力，將對手之來力承接至腰胯並且落沉於下盤的腳根，在這情況下，縱然你左虛了，右杳了，照樣還是要被打出的。

丹田之氣的凝聚飽滿沉著如果沒有成就，你的氣不能運到手，手就沒有掤勁；氣不能運到腳，不能落地生根，下盤則不能穩固，不能變換虛實，變成挨打的架子，在這種情況之下，縱然你左虛了，右杳了，照樣還是要被打出的。

在用法方面，涵蓋著步法、身法、手法的虛實變化，以及氣的吞吐、轉摺、蓄放的虛實變化。所有的體與用之虛實變化，與「左重則左虛，右重則右杳」是息息相關的，如若缺少體與用之虛實變化，而言「左重則左虛，右重則右杳」，是為言不及義之論說，無有是處。

步法的虛實，無論前進後退、左右騰閃，要沉穩而輕靈，沉穩是說根盤要入地，能夠承接對手的來力、來

勢，輕靈是說在前進後退、左右騰閃時，步法能輕巧靈活而不呆滯笨重；如果下盤無根，在前進後退、左右騰閃時，就會形成虛浮飄渺，搖擺不定，重心不穩。

步法的寬度要與肩同寬，前後的距離約 30 至 40 公分，視個人身高體型而定，總以適度自然為宜，距離太大，移步就遲緩呆滯，距離太小，則失去平衡中定。前後的重心比率，以前四後六或前三後七為宜，不可將全身重量放在一隻腳上，這樣會造成單腳的負擔太重，容易產生疲乏而致移步不靈。

身法的虛實，在於腰胯的鬆活，腰胯是一體的，是不能分離的，有腰必有胯，有胯必有腰，在太極經論或行功心解，都只說到腰，沒有說到胯，雖只說腰而實際是涵蓋胯在內的。

腰胯的靈活，不只是身形動轉的靈活，因為身形動轉的靈活，是為先天自然之能，非關學力而有為的（此部分在後面的章節會詳敘）。腰胯要達到真正的靈活，是得「學力而有為」的，是得透過認真努力的修煉，才能有所作為，才能有所成就的。

腰胯的鬆活，是要經過摧筋拉骨的過程，累積一段時日，腰胯間的筋、脈、骨，才能鬆開。某些基本功或招式，是須要撐胯、開襠、撐腰、拔筋的，譬如，做攬雀尾，在向後捋時，須是側後而坐胯的，須是下腰、撐腰的，胯須外撐，襠要開拔，這些細緻的動作完成後，才有上半身及手的連動，腰胯動而後身動手動，綿綿貫串起來，都是要完整一氣的。

而這個腰胯的筋骨膜的拉拔、撐擰，它的力源是來至下盤腳根所引動的二爭力所營造出來的阻力，這樣腰胯筋骨膜的拉拔、撐擰，才有所依附，若沒有來至下盤腳根所引動的二爭力所營造出來的阻力，這個腰胯的動轉，只是體操式的旋轉，只是自然的空轉，與太極功夫的修煉是建立不了關係的，都只是先天自然之能，非關學力而有為的。

手法的虛實。手，涵蓋著手指、手掌、腕部、肘部、肩膀等。在發勁的時候，肩催著肘，肘催著腕，腕催著掌指。催動者是一個基座，也是一個根盤。發勁時，每一個基座、根盤，都是「實」的，一節有一節的實勁力道，貫串而出；接勁、走化之時，每一個基座、根盤，都有它的「虛」處，看對方的力道打到哪一節，每一個根節，都有落虛之處，這就是拳經裡頭所說的「一處有一處之虛實」、「處處總此一虛實」，這才是「虛實」的實質義。

掌握了「虛實」的真實意，才能真正的瞭解虛實變化的神妙，而不只是把虛實分的清楚，也不是「全身重量只許放在一隻腳上」，侷限於「虛實」的寬闊深廣，自礙於文字障中，自圍於死胡同之中，以盲引盲。

「左重則左虛，右重則右杳」，適用於太極拳的推手，因為，推手有肌膚的接觸，有身手的搭黏，所以有神經的反應機制，可以在對手出力發勁之時，以「左重則左虛，右重則右杳」應之，達到走化的效果。若在散打實戰，在短兵相接之剎那，在對手拳腳逼身時，除了閃躲之

外，必須以手去沾黏對方的來勢，才有聽勁的效果，如果用身體去聽勁，除非你的接勁功夫已經成就，否則，即使你知道「左重則左虛，右重則右杳」之理，仍然無法應付對手拳腳的疾快速度，依然會被擊中。

第十二章　仰之則彌高，俯之則彌深

「仰之彌高」一語出自《論語・子罕篇》。是子貢與顏回的一段對話。

子貢曰：「夫子之文章，可得聞也。夫子言天道與性命，弗可得聞也已。」

顏淵喟然嘆曰：「仰之彌高，鑽之彌堅。瞻之在前，忽焉在後。夫子循循然善誘人，博我以文，約我以禮，欲罷不能。既竭我才，如有所立，卓爾。雖欲從之，蔑由也已。」

翻成白話如下：

子貢說：「我們老師的文章，是可以聽聞得到的。但老師所說的天道和性命的道理，我們就不瞭解了。」

顏回慨嘆的說：「仰望老師的氣質形象就覺得越高越大，鑽研老師的學問就覺得更加堅實。眼看就在前面，忽而又閃到後邊去了。老師的循循善誘，以文學來豐富我們的知識，用禮儀約束我們的言行，我們想停止學習都欲罷不能。即使竭盡我們的聰明才智，然而老師卓越超群的聳立在我們的面前，雖然想要追隨上去，卻無法追得

上。」

這是顏回對孔夫子他的老師的一種稱讚，後人把「仰之則彌高，俯之則彌深」引伸為：「向上觀望，則越覺得更加高昂，高不可探；往下查看，則越覺得更加深邃，深不可測。」意謂高深莫測，難以尋伺、捉摸、探索。

在太極推手的應用，如果對方向上進攻，譬如往上提拿，我就隨其勢，往上虛引，使他腳跟浮起，凌空而失去重心，讓對手有高不可攀的感覺，也就是說，隨其勢而應之，也就是「捨己從人」之意。

如對方往下進攻，譬如往下採或挒，我低以引之，使有如臨深淵，搖搖欲墜，愈陷愈深的感覺，我亦隨其勢往下落坐，使其落空而自顛簸，使對方有如臨深淵的驚悚。

第十三章　進之則愈長，退之則愈促

進之則愈長，是說在推手中，對方向我發勁，譬如，按或擠或靠等，我則向後虛化，使其來力落空，在對方進而落空之際，心起恐慌，更加忙亂進攻，可是越進攻卻因落空而內心越慌張，就會產生愈進愈長愈心慌的感覺。

退之則愈促，是說在推手中，對方被我發中，想要後退逃避，卻因為失去中定平衡，兩腳沒有著落，站立不

穩，想要退卻被我愈逼近，而且是節節逼近，使之措手不及，退步無路，雖然急促、倉促的急於退逃，卻被逼迫的更心驚膽顫，終而落敗。

拳諺有一句名言：「打人如走路，硬打硬進無遮攔。」這是形容在發勁時的目中無人，形容在發勁時的排山倒海，形容在發勁時的石破天驚，形容在發勁時的迅雷不及掩耳。

這種長驅直入的爆發力，在己方而言，謂之「進之則愈長」，敵無可擋；在彼方而言，謂之「退之則愈促」，節節敗退，倉皇而逃。

硬打硬進無遮攔，不是死纏濫打，不是蠅蟲投火，不是自投羅網，不是入人彀中。硬打硬進無遮攔，隱含著聽、化勁的虛實神變，涵蓋著氣勢與膽識的深層內涵，而氣勢與膽識是來至功夫的純熟精稔。

第十四章　一羽不能加，蠅蟲不能落

一羽不能加，是說一枚極輕微的羽毛，也不能加到我的身上，這支羽毛雖然極其輕微，但是因為我的聽化勁已臻於神明境界，可以令一絲一毫的力量都不能落著在我身上，我能隨其力向而輕易走化來力，這是「一羽不能加」，是形容神經觸覺的度極靈敏，稍一碰觸，即能預而感知，瞬間走化。

蠅蟲不能落，與一羽不能加是同一個意思，蠅蟲的

重量也是輕微的，當蠅蟲要著身落膚之際，因為聽觸覺的極度靈敏，能感知牠的磁場、風向、氣流等等的變動，使其不能著落我身。

據傳楊露禪老前輩，一隻小鳥放在他的掌上，怎麼飛也飛不上去，因為鳥要振翅飛翔的時候，兩隻腳必須先微蹲，借力往上縱身，才能飛的起來，然而，在鳥兒向下蹲身的時候，楊露禪老前輩的聽勁好，手掌隨之虛落，使鳥兒無處借力，而飛不起來，被玩弄於指掌之中。這個典故是可信的，聽勁有練到那個水準、層次，就會深信不疑，沒有到那個水準、層次，就以為是神話。

「一羽不能加，蠅蟲不能落」，是說功夫已臻化境，聽勁水準已經超拔越俗，已達懂勁而階及神明的地步。

太極拳推手本是捨己從人的功夫，不是在身外架設一道城牆，讓人不得其門而入，不是硬頂蠻抗，而是你力量來多少，我就捨去多少，使你的力量不能著於我身，使你沒有著力點而落空，這種捨己從人的功夫就是「一羽不能加，蠅蟲不能落」。高手在推手時會故意放空門讓你闖進來，這是引，故意引你進來，然後運用「一羽不能加，蠅蟲不能落」的捨力卸力技巧，讓你力量落空，根盤浮起，再順勢打你。

坊間市面上的推手，總是拉拉扯扯的，頂頂抗抗的有如鬥牛，已失去太極拳「一羽不能加，蠅蟲不能落」的本質，離太極遠矣！

第十五章 人不知我，我獨知人

第一節 人不知我

人不知我，是說凡是與我接觸的人，都不能摸清楚我的底細，不知道我的心向、力向，我要發勁或者是走化，都是神不知鬼不覺的，發勁時如迅雷不及掩耳，你無從防備，化勁時只是氣一沉一吞，外表看不到一絲一毫的跡象，在何時被化去來勢、來力，猶渾然不知之際，不僅發勁落空，在懵懂尚未回神之剎那，瞬間被打出去，猶不知所以然，這是「人不知我」。

人不知我，可以用一句話來形容，那就是「神出鬼沒」，神出，是說我在發勁時，好像神明之乍現，你是無從防範的；鬼沒，是說我的化勁，就好像鬼一樣的隱沒在黑暗之中，你是無法查覺發現的。人不知我的境界，就是「神出鬼沒」的境界。

第二節 我獨知人

我獨知人，就是我能知道你，你卻不知道我。你的力、勢，來多少或將發未到之際，我都清清楚楚，你心裡想著什麼鬼計，都無法騙過我，你葫蘆裡賣什麼藥，我都

一清二楚。

我獨知人，是一種懂勁的功夫，由著熟而悟入懂勁，由懂勁而階及神明，所以，我獨知人就是由懂勁而階及神明的境界。

著熟、懂勁、階及神明，這些功夫在前面第七章節已有論說，這些功夫的成就，就是不偏不倚、忽隱忽現、……、一羽不能加、蠅蟲不能落，到最高境界就是人不知我、我獨知人的境界，然而，要到達這種高深境界，非用力之久，不能豁然貫通的。

 第十六章　英雄所向無敵，蓋皆由此而及也

英是菁英、英明，雄是偉大、威武，英雄就是出類拔萃的人，英雄就是有智慧、有膽識、有行動力的人，英雄是能夠突破困境，堅忍卓絕的人。

拳論這邊所稱的「英雄」，是指太極功夫的超越拔卓，是指太極拳功夫已全方面的成熟、成就，體用兼備，聽勁、化勁、接勁、發勁都已臻於上品，在禦敵實戰，都能所向披靡、所向無敵，百戰百勝。

那麼，太極拳之中，所有的英雄人物，所有的前輩高手，為何皆能「所向無敵」？蓋皆由此而及也。

蓋，這邊「蓋」字，是一個助詞，作「實在是」解，是說太極拳界中的超卓的「英雄」人物，實在都是由這樣而達到的，「及」就是達到的意思。「由此而及」的

「由此」，是指著熟、懂勁、階及神明等等功夫，這些功夫包含不偏不倚、忽隱忽現、……、一羽不能加、蠅蟲不能落，到最高的「人不知我、我獨知人」的境界都是。

太極拳是以無力打有力的，是以小搏大的，是以柔克剛的，是以四兩而撥千斤的，那麼，為何能所向無敵？這實力完全是「蓋皆由此而及也」，而這個「由此而及」含括了內勁的成就、掤勁沉勁的成就及樁功的成就等等，這些就是「體」的成就。

另外，「用」的成就涵蓋了著熟、聽勁、懂勁、階及神明等等「人不知我、我獨知人」的功夫，具備體與用的全方位，才能「英雄所向無敵」。

第十七章　斯技旁門甚多，雖勢有區別，概不外壯欺弱，慢讓快耳。有力打無力，手慢讓手快，是皆先天自然之能，非關學力而有為也。

第一節　斯技旁門

「斯技」，翻成白話，就是「那些技藝」，或說「那些伎倆」，說粗俗一點就是「那些玩意兒」。

王宗岳先生說：「『斯技』旁門甚多，雖勢有區別，概不外乎壯欺弱，慢讓快耳！有力打無力，手慢讓手

快，是皆先天自然之能，非關學力而有為也。」王宗岳先生把這些屬於「先天自然之能」的「玩意兒」，的「伎倆」，歸類為「旁門左道」，「非關學力而有為」。

懂得文言文，懂得太極拳者，知道這在說什麼。王宗岳老前輩把「壯欺弱，慢讓快」、「有力打無力，手慢讓手快」這些先天自然之流的練武者，說為「斯技旁門」，雖無「貶抑」之意，卻讓真正的「練家子」覺得那些「斯技」，實非真正入流的武功。

為何如是說呢？因為這些「甚多的斯技旁門」，是「非關學力而有為」的武藝。只要花些時間練練，短期內就會有「成就」。但這些「成就」，是「非關學力而有為」的。

這邊首先要解釋何謂「學力而有為」，所謂「學力」，並不是「學習」「力量」，使自己成為孔武有力的人。很多讀者看王宗岳的拳論，往往把這一句話誤解了。「學力」，是文言文的句法，是一種倒裝句，在古文裡面，有很多都是倒裝句的，如果把「學力」誤解為「學習力量」，那就「失之毫釐，差之千里」了。

「學力」應該解讀成「力學」，也就是努力學習，用心學習，苦心孤詣的鑽研的意思，要花極長的時間，運用心志、毅力與智慧去成就這個極其不易成就的功夫。

為何說「十年太極不出門」？因為太極拳是不易成就的，如果不是苦心孤詣，戮力修煉，莫說十年，到了貓年，還是泛泛之流。如果練錯了方法，雖然練的是太極，還是免不了要被歸類於「斯技旁門」。譬如說，現在的鬥

牛式推手，如果王宗岳先生是生在這個年代，免不了要搖頭嘆息了，也免不了要把這些「玩意兒」歸類為「斯技旁門」了。

　　現在的推手，極多數是土法煉鋼的，初學就要求蹲低練腳力，練手的蠻力，然後兩人互相鬥力，鬥久了，也懂得一些反應技巧，然後去參加比賽，靠著體力、耐力及滿身的蠻力，做困獸之鬥，鬥個冠軍回來，就不可一世了，殊不知這個「冠軍」還是要被歸納於「斯技旁門」的。

　　還有現在的太極，有一種是剛烈的發勁打法，不是震腳，就是搗錐，打得氣喘吁吁，臉色發青，不只失去了健康效益，對於內勁的養成，也無所助益。

　　為何如是說呢？因為這些打法，是內勁成就的人在練的，很多初學者一上門就練這些發勁的打法，往往弄巧成拙，練成一身蠻力，有時外形看起來還有一點模樣，真正叫他發勁，一點也使不上來。

　　另一種是手指不停的抖動，看起來就有些裝模作樣。真正的「抖勁」哪是這個模樣，只能籠罩那些不識著罷了。這些人雖然練的是太極，還是要把它歸納於「斯技旁門」，因為練的時機方法不對，內涵不對。

　　王宗岳先生所說的「斯技旁門」並非專指太極以外的其他武術，而是泛指那些以練拙力、練快速度而取勝的武技，是指那些靠著蠻力，靠著土法煉鋼式的以種種旁門左道的伎倆去練就骨頭堅硬，能劈磚、破牆之屬；靠著不斷的揮拳練速度而取勝之流。

　　真正的功夫，不是以「有力打無力」，不是以「壯欺弱」，不是以「手快勝手慢」；而是「以小制大」，「以無力打有力」，「以柔克剛」，「以老而能禦眾」。

　　王宗岳老前輩又說：「四兩撥千斤，顯非力勝；耄耋能禦眾之形，快何能焉！」所以，力量不是完全制勝的因素，快速也不是取勝的原因。制勝的條件取決於體用兼備，剛柔並濟與虛實變化，牽涉到內勁的成就，聽勁、懂勁的成就等等。

　　「斯技旁門」並非全指所謂的外家拳，並不是以拳種、系統來分類。很多練外家拳的，練到某個程度，對武術有更深層的體悟，也能把他所練的拳種招式，轉入斂氣成勁的練法，終也能達於宗岳先生所謂的「學力而有為」的上乘功夫。所以「斯技旁門」並非以所練的拳種而歸類，而是以所練的方法、方式來界定。譬如：打沙包、舉重、練肌力之屬，例如，某些拳法是特別要練四肢的堅硬如鐵，用自己的手臂、小腿去打擊剛硬物體，然後藉著藥物、藥洗之類來塗抹，如此反覆，終把手腳練的如石頭、如鐵一般堅硬，以為這就是功夫，殊不知，他把寶貝的神經練死了，把可以使聽勁靈敏的神經感應破壞了，雖然揮拳出腳尚能使力、使快，但那自然的神經反射作用變呆滯了，聽勁的變化作用變拙劣了，而卻猶自為那堅硬如石、如鐵的手腳而沾沾自喜。

　　「見招拆招」的練法，也要被歸類於「斯技旁門」，也是土法，是愚夫之法。

　　上乘功夫，是「神龍見首不見尾」，是「拳打不

知」，是「化勁人不覺」，是「發勁人不知」，是「拳無拳，意無意」，是「技到無心始稱奇」，哪還有招法、式法，光一個「十三式」，就讓你練之不盡。然而，當你領悟到那個拳理，徹通那個道理，而且能夠「老實練拳」，堅忍卓絕，堅毅不拔，自然有一天「水到渠成」，很多東西會源源不絕的自己生出，沒有刻意去追求，功夫自然而然的生出。當水匯聚圓滿，就會成為一個水庫；當丹田氣滿就會形成一個堅韌的氣囊；當氣沉斂入骨，就會累積成勁；當下盤樁功成就，就能穩固如山；當手之掤勁成就，就可似海水能吞納萬噸巨艦；當那靈敏的聽勁成就，就能瞬間反射回打；當化勁成就，就能將頑拙之力虛化於無形；當接勁功夫成就，就能接而反彈。此時，功夫底定，這時的你，已然跳脫「斯技旁門」之名，已然跳脫「武夫」之名，成為一個名副其實的「太極拳家」。

第二節　雖勢有區別

　　勢有區別，這邊所說的「勢」，是指招勢，招法，練法。太極拳的招勢、招法、練法與其他拳種是相異的，譬如說，太極拳的動作的慢、氣的鼓盪摺疊、勢法的牽動往來、招法中的掤捋擠按採挒肘靠、用法中的推手等等。

　　光一個「慢」，就與其他拳種大異其趣，幾乎所有的武術都是講求速度的，揮拳要快，步法移動要快，只有太極拳強調慢，而且要極慢，因為慢，才能運氣、運勁，也因為運氣、運勁的「學力而有為」而百煉成鋼，成就內

勁。太極拳的步法，講求虛實分清，邁步如貓行，要輕巧而慢慢的移動腳步，這是一種活動樁法的練習。

一般武術的勢法與太極拳是不同的，出拳要用力，力量是剛直的，偏向於局部之力，太極拳是柔中帶剛，剛中還有柔勁、韌勁、彈勁，還有摺疊勁與丹田勁。太極拳更強調整勁，由腳而腿而腰而手，總須完整一氣。

這邊，拳論所說的「雖勢有區別」，是概指硬拳系統而言，他們的招法、勢法、練法與太極拳是截然不同的，大部分是蠻拙之力與局部力，而且需借助一些補助器材去練力，更甚者要依靠藥物去練筋骨皮，使得筋骨皮肉像頑鐵一般的堅硬。

太極拳則不來這一套，是以「以心行氣，以氣運身」為原則，使得氣遍周身，內斂入骨而成就極堅剛的內勁；並且藉由聽勁、懂勁的功夫而禦敵。

第三節　概不外壯欺弱，慢讓快耳；有力打無力，手慢讓手快

概，就是幾乎、大概之意。

壯欺弱，就是弱肉強食，是動物的物競天擇。在動物的世界，原本就是弱肉強食的，原本就是壯欺弱的。怯弱的羊鹿，永遠要擔心受怕的被強悍虎豹所獵食，這是動物世界的悲哀。

人類的世界也是一樣的，身體瘦弱者，殘障動作遲緩的人，雖在民主國家會受到法律的保護，但在法律範圍

之外，難免還是有不為人知的吃虧的一面。

　　武術中的斯技旁門很多，雖然他們的勢法各有不同，但是幾乎不會超出「強壯的欺負弱小的，速度慢的讓給了速度快的；有力量的凌打沒有力量的，動作緩慢的就輸給動作快速的」這些範圍。一般武術強調肌肉的強壯，身材的魁梧，所以一定有重力的練習；還有就是速度的練習，譬如：快速揮拳、打沙包、擊破、跑步、跳繩等等。

　　太極拳能以柔克剛，以弱禦強，以無力打以力，以慢而勝快，這些都是因為透過「學力而有為」，而成就內勁功體，以及練就聽勁、懂勁的功夫而致之的。

第四節　是皆先天自然之能

　　先天自然之能，是說上面所舉的「壯欺弱，慢讓快；有力打無力，手慢讓手快」，這些都是先天自然賦予的能力，與努力學習而有成就作為的功夫是不相關的。

　　天生孔武有力的人，比較不容易學好太極拳，這並不是說他沒有那個才華與智慧，而是他會擁力自重，以為仗恃天生賦有的力量就可勝人，所以不想以「學力而有為」來成就真正的功夫。

第五節　非關學力而有為

　　非關學力而有為，在第一節中已有略說，且再專節而敘。

　　王宗岳先生的太極拳論云：「斯技旁門甚多，雖勢有區別，概不外乎壯欺弱，慢讓快耳。有力打無力，手慢讓手快，是皆先天自然之能，非關學力而有為也。」

　　先把原文翻成白話。

　　王宗岳老前輩說：那些旁門左道的搏技功夫非常的多，雖然他們拳架勢法各有差異區別，但大致上不外乎強壯的欺負弱小的，手腳動作慢的輸給了動作快的。這些有力氣的打敗無力氣的，以及手腳慢的輸給手腳快的，都是先天自然的可能之事，沒有關係到因為致力去學習真正的武功而有所成就做為的啊。

　　學力而有為，有人依文解義而會錯意，誤會為「因學習力量而有所成就做為」，誤會大矣。文言文有時文法是前後倒置的，就像英文的倒裝句。「學力」，不是學習力量；白話應該譯成「力學」，也就是努力以赴，用功學習的意思。

　　「學力而有為」的意思，就是一門功夫，不是那麼簡單就能成就的，它得費很長的時間去修煉，去苦其心志，勞其筋骨，運用智慧去悟，認真老實的去練、去參，還要有堅忍不拔的毅力、精神、忍耐、安住，最後始克有成。

　　學力而有為的功夫，概指形意、八卦、太極等內家拳，及練法等同於內家的練氣、練內勁的體系功夫。這些功夫，非得十年、八年，不能成就，如果沒有夙慧及用心苦練，莫說八年、十年，到了貓年，到了驢年仍就是凡夫一個。

　　太極拳為何難以成就，因為，氣與勁這些東西，很難體會理解，而且須靠時間去慢慢累積功力，如果不能持之以恆，沒有堅剛的恆心、忍力，是難以成就的。而且一般凡夫總想求速成，想一夕成名，往往沒有耐性去磨練。

　　那麼，非關學力而有為的功夫有哪些？「斯技」旁門左道很多，譬如：練蠻力，舉重、扶地挺身、及其他重力練習，或打沙包、擊棍破磚等等，或練習跑步、交互蹲跳、練肌力、耐力之屬。為何說這些功夫非關學力而有為？因為這些根本不是功夫，任何凡夫俗子都學得來，並無稀奇可貴微妙之處，只要肯去硬幹蠻幹，任誰都可練得一身蠻力。所以，王宗岳老前輩很早就認定這些旁門左道的「斯技」是非關學力而有為的，而且斯技甚多，不勝枚舉，是會令人眼花撩亂的。

　　那麼，為什麼要標榜「學力而有為」呢？

　　如果不是學力而有為，那麼，瘦弱者、耄耋者，將要如何禦眾？如何自我防衛？如果不是學力而有為，瘦弱者、耄耋者就不用修煉功夫了，遇到不平的事，只能任人欺凌宰割了。如果不是學力而有為，太極拳將無法永續留傳下去，大家只要練練力或依恃「先天自然之能」的蠻力就好了，那麼，太極拳很快就會失傳滅失。

　　還好，因為太極拳可以因學力而有為，所以，文人雅士，老弱婦孺得以因修煉太極拳而強壯身體，成就內勁，而增進自信及膽識與氣勢，達到自我防衛效果。

　　學力而有為，才是真功夫。太極拳若不是經過「學」習，努「力」用心去老實參修，是很難「有」所做

「為」的,是無法成就功夫的,所以因學力而有為所成就的功夫,才是值得珍貴與珍惜的,也因為學力而有為而突顯自己功夫的超拔殊勝與武品的勵磨淬煉,而異於一般凡俗。

某師云:「力大勝力小,有力打無力,手快打手慢,是一種規律,但力量和速度也不是先天自然之能,也需要學習鍛鍊才能加大力量,加快速度,因此,『非關學力而有為也』這句話是錯誤的。」此師似乎也把「非關學力而有為」這句話解釋錯了,他認為力量和速度不是先天自然之能,需要學習鍛鍊才能加大力量,加快速度的。此師大意還是認為力量和速度不是先天自然之能,是需要透過學習鍛鍊才能致之的,故說:「非關學力而有也,這句話是錯誤的。」

名師都能把拳論中的「非關學力而有為」悟錯、解錯,並且誤導了後輩學人,那麼,初學者又如何能夠去理解王宗岳老前輩之拳論所謂的「非關學力而有為也」這句話的真義,太極拳真正的功夫所以不能發揚光大,除了學練者缺乏夙慧而外,被某些名師所誤導也是原因之一吧!

第十八章　察四兩撥千斤之句，顯非力勝，觀耄耋能禦眾之形，快何能焉？

第一節　四兩撥千斤，不是以力取勝

察四兩撥千斤之句，顯非力勝。

察，是觀看、審查之意。全句意思是說，觀察審視「四兩撥千斤」這句話，顯然不是以力取勝的。若是以拙力、蠻力取勝，不可言四兩撥千斤。

四兩撥千斤這句話的意義，是以巧勁走化，化打合一而取勝，不是以蠻力取勝；四兩撥千斤，就是借力使力，四兩力為何能夠撥動千斤？這都是利用了省力原則；省力原則就是借力使力。

拳術在應用時，大家都會講借力使力或四兩撥千斤之類的。但是如果對方沒有來勢、來力時，當如何借力？

借力有二種：

第一種，是對方有來勢、來力：

借對方之力而使力，四兩撥千斤。

第二種，借地或借物之力：

站著借地之力，坐著借椅之力，躺著借床或地之力。

第三種，借自己之勢、力。

借己之力免不了牽涉到借地及借物之力。

借己之力，在練拳架之時，可以自己暗中虛擬。譬

如，太極拳的攬雀尾來講，在上掤後坐再往前按，這個動作，要須作意在腿腰以暗勁借內氣之摧動提掤向下向後坐，全身重量及氣，下沉引至後腳跟，此時，意不斷，氣不斷，勁不斷，連綿貫串，完整一氣的使氣在深沉於腳底時，所自然產生反坐回彈之巧勁，順勢反彈。

這個動作，除了借自己腳跟、腿腰、脊肩、肘手之力，還有阻力與勢力，以及最重要的由自己所營造出來的向心力與離心力。

借力，是藉由下盤腳根的引動，使身體形成一個立體圓弧，這個圓弧有來勢與去勢，這個來去就叫做「往復」，也就是行功心解所謂的「『往復』須有折疊」的那個『往復』；在圓弧的往復中，形成一個圓弧的折疊，從自己下盤腳根所引動的向心力，營造出漩渦似的回旋離心力，這種離心力才能快速、俐落、Q脆、乾淨而不拖泥帶水，打出去才能打到對方的根，才能拔除撼動對方的根，唯有如此才能使對方奔跌而出，這樣才是真正的會發勁的人。

在太極拳裡面，每個動作的銜接處，都有這樣的打法，都有往復折疊，都有圓弧來去回旋，都有向心力與離心力，都有暗潮洶湧的阻力、二爭力、及互相抗衡的撐裹之勁，錯綜複雜中自有規矩圓融，形成一副多采多姿，內涵精彩豐富的賞心悅目畫面，不是那些只會比手劃腳，裝模作樣的太極操所可比擬。

在推手及更高層次的散打中，還是離不開這些內涵，只是很難用言語文字表達，所以只能口傳心授，要學

得這些較高深的功夫，只能找個明師，好好學，絕對無法從書本、光碟錄影帶中，學到這些深奧玄妙的功夫。

　　說到速度，借力而產生的立體圓弧之速，絕不遜於直線的拙力。因拙力是蠻橫、僵拙、呆滯、硬綁的，而且它的力向只是直線的1，不是回旋借力的2倍速。

　　某些技法的防守是直來橫擋，橫來直架，總是在招招架架之中，侷圍於機械公式範疇內，較難有生機活潑的虛實變化，從虛實變化中取得時空的機勢，也就是說難以得機得勢，機是時間，勢是空間，失去了時空機制，就是挨打的架子。

　　一拳打出去，如果只是直來直去的，它的力道只有1，從施力點到打擊點，是一條直線，力道的質量是1，也許有人會說，兩點最短的距離就是直線，表面看起來似乎成理，但直線所發出去的勁道，並不是最快速，也不是最有力的；唯有藉由下盤的根椿及腿腰的靈活機制，所引動的閃電式的回旋離心力，才是撞擊式的最威猛之力，是一種排山倒海之勢力，是一種浪捲千丈的拍岸力道，是浩瀚雄壯而震撼的驚悚貫穿勢力。它的質量力道以及威猛的速度，與那些單調直往的打擊方式是難以比量、比擬的。這種回旋圓弧折疊的打擊法，蘊藏了不為人知的借力神妙武功內涵。

　　太極的搬攔捶，它的打法，都含蓄著腰的轉折，透過下盤椿功的暗勁驅動，及丹田內氣的滾蕩，令腰形成一個快速的圓弧回旋折疊，引動手的反彈之勁，奔放而出，這樣才是真正的發勁，疾速、冷脆，如迅雷不及掩耳。

這樣只是舉例、比擬，其實任何拳式的攻擊，都是必須如此的，在防守、化接的應用，也是必須如此，都是同樣的道理。

借力是省力的原則，借力使力並不局限於對手有來力可借；在無來力來勢可借時，在不能引動對方有來力時，只有借己之力，藉由自己的內在整勁所營造的向心力，向外圍發展圓弧折疊的回旋離心力，才是會使力的行家。

四兩撥千斤，要須會借人之力、借地借物之力、以及借己之力，涵蓋著「你、他、我」之力。你，是借人之力，他，是借地借物之力，我，是借己之力，三者結合成一股完整之力，才是真正的四兩撥千斤。

四兩撥千斤涵蓋了聽勁及懂勁的功夫，如果沒有成就聽勁及懂勁的功夫，絕對無法四兩撥千斤的。

第二節　耄耋能禦眾之形，快何能焉？

耄、耋，是指七、八十歲以上的老年人。

我們看看那些七、八十歲有功夫的太極拳老前輩們，他們能在年老體力薄弱的情況而能抵禦眾多的彪形大漢，都是因為練就了內勁及借力打力的懂勁技擊功夫，不是因為外表行動的「快」而能致之的，因為年老了，體能退減了，那先天的快的動作是會變緩的，之所以能致勝的原因，完全在於聽勁、懂勁、走化、及渾厚的內勁的關係，快是沒辦法致勝的。

「快何能焉」，是說禦眾不是靠一個快字，快不是致勝的唯一因素。

一般人對於拳術都有一種直接的錯誤觀念，以為出拳快速，就是致勝的要件，只有王宗岳能說出「快何能焉」的超卓之語，他認為「快」，不是致勝的唯一原因，因為「快」只是拳先到達，但到達不一定是命中目標，在時間雖然爭取到「得機」點，但這拳的勁道是有所變化的，它有時會被消解，會被化掉，它有時在空間上會被反佔上風，也就是失勢，所以二者的拳同時到達時，是「得勢」的人取得先機，雖然在起跑點的時間上他好像慢了一些，但在拳勁到位時，卻能「後發先到」的命中對手，使之奔跌出去，這是太極拳的奧妙之處，是一種難思難議的境界，是凡俗所無法理解的。

如果「快」是致勝的唯一原因，那麼王宗岳先生就不會說：「耄耋能禦眾之形，快何能焉。」因為七、八十歲的老者，全是憑藉四兩撥千斤，借力使力，連消帶打，化打合一，聽勁懂勁的高深功力，才能「得機得勢」，才能「後發先到」，而且不是以身體碩壯魁梧的蠻力取勝，老人何來蠻力，力，是會隨著年齡的老化而退減，但內勁的成就是不容易退失的。

外形的「快」，並不是真正的功夫，凡夫也可以練就的，只要肯每天揮拳練習，就能達到快速的出拳，所以王宗岳先生才說：「有力打無力，手慢讓手快，是皆先天自然之能，非關學力而有為也。」他說手快有力是先天自然之事，沒有關係到應用心智去領悟參學而對內勁及懂

勁、化勁等功夫而有所成就的。

常聽人說：「天下武功，唯快不破。」意思是說不論什麼武功都有破著，只有「快」沒有人能破它，也就是說，只有「快」是沒有破招的，崇尚「快」是最好的招法。

這種說法也對，也不對。如果是距離加速度的快，就是王宗岳先生所說的：「快何能為！」的快。蠻夫的「快」，遇到太極高手，還是有破，非「不破」，何以故？因為如上所說，在空間上，蠻夫的「快」，會被消解，會被化勁所消，而且會被連消回打，而反處於敗勢。所以這邊說「唯快不破」不一定是對的。

能出手慢而快到位，能以靜制動，能「彼不動，我不動；彼微動，我先動」，這才是真正的「快」，才是真正名符其實「唯快不破」。

「禦眾之形」，王宗岳老前輩在這邊用這個「形」字，是有特別意涵的，因為那些「壯欺弱，慢讓快；有力打無力，手慢讓手快」的大眾，靠的都是「外形」的彪炳有力強壯，以及練外形的「距離加速度」的快，而取勝，這些都是屬於外在的形，只有外而無內，是「非關學力而有為」的。

耄耋老者，從年輕學練太極拳，夙夜匪懈，持續不斷，日積月累，成就了甚深的功體內勁，以及練就了聽勁與懂勁的上乘武功，他們出拳發勁的快，是丹田之氣的爆發摺疊滾蕩，能夠剎那引爆，沒有時間與距離的牽絆拘束，只要意到，就能氣到勁隨，迅雷不及掩耳，他們的禦

敵發勁是由內而外，內外結合完整，不似那些彪形大漢，只靠著一身的蠻力，奮力快速的出拳，雖然如此，終究還是不敵七、八十歲的耄耋老者的氣爆內勁之疾速。

　　太極拳能夠「後發先到」，靠的不是「外形」，而是內裏深層向外引爆發射的內勁量能，而這內勁能量一旦累積成就，是不會退失的，所以，到了耄耋之齡，還是能禦眾之形的，而這個能禦眾之形的能耐，不是只有一般的「快」而能致之的，而是涵蘊了積深的內勁，以及聽勁、化勁、懂勁等甚深的太極功夫。

第十九章　立如秤（平）準，活似車輪

第一節　立如秤（平）準

　　「立如秤準」，也有人說之為「立如平準」，其實意思是一樣的。秤，是用來衡量物質重量的器具，它有準確性，多一分，少一毫，都不是秤準。

　　「平準」，是不高不低，恰到好處，無「過」與「不及」，所以，「平準」與「秤準」是同義。「平準」是立身中正，不偏不倚，能夠支撐八面；「秤準」，是說站立要平衡中定，虛實合度，在沉穩中能夠輕靈的變化虛實。「平準」是指外在身形的平整，「秤準」是指體重質量上的準度，也就是說重心虛實要拿捏準確順當。

如何才能立如秤（平）準呢？還是要回歸到功體的內涵，樁功需要成就，丹田之氣需要沉積，這樣才能夠立如秤（平）準，才能在移動步法，變化身形之時，掌握虛實，靈敏而準確的控制全身之中的「一處有一處之虛實」，要須虛實變化得宜，才能立於不敗之地，才能立如秤（平）準。

第二節　活似車輪

活似車輪，分兩個層面。

一：內裡的氣息，要活絡而不滯礙。

氣要循環無端，心息相依。氣的鼓盪，要像波浪，一波連接一波，永無斷離。氣要往復摺疊，牽動往來，去而復返，氣遍周身。這是氣的「活似車輪」。

氣如果能活似車輪，在發勁時，才能剎那間，意到氣隨，氣隨而勁至，完整一氣的達到整勁的效果。

氣要摺疊，才能活似車輪；如果氣呆、氣頑、氣拙，就會流於「在氣則滯」的窘境。

行功心解說「氣若車輪」，這是強調氣要圓順，氣的摺疊是走圓弧路線，不是硬繃繃的直來直往，在氣的摺疊當中，會帶出一股強烈洶湧的反坐力，使在運勁時，讓氣機更加充實飽滿；使在發勁時，因氣的摺疊連坐，產生極度倍數的驚駭爆發力。

二：外表的身形，要圓順而不頑鈍。

外表的身形，不論是拳架或推手實戰，都務須走圓

弧路線，務須圓滑順當如車輪一般。

　　在身形方面，一般解釋都是概指腰胯而言，其實所謂的「活似車輪」是涵蓋了步法、身法及手法的，是牽一髮而動全身的，不是只有腰在轉，不是只有腰要「活似車輪」，而是全身都要「活似車輪」。

　　譬如，步法的擺扣游走，要能如八卦掌的走圓弧，以步法帶動身法及手法，這樣才能形似游龍，靈活神變。

　　腰如車軸，腰是一身之中心點，所以腰要如車軸，帶動身與手。車軸在急速運轉時，看不到它的動向，當你不小心碰觸到它，就會彈飛而出。腰也要如車輪，由小圈帶出大圈，以向心力引動離心力，所以腰是車軸，也是車輪，融合一體，以丹田之氣為燃料，以下盤腳根為助引，一貫而出，才是整勁。

　　手也要「活似車輪」，不論沾黏或發勁，都有圓弧內涵，不是筆直往返，無論走化及發勁，都有摺疊內涵。摺疊就是圓弧，就是車輪。肩肘的鬆墜，腕掌的轉圈，都要圓活輕靈。

　　所以，「活似車輪」是概括全身上下、左右、內外的，如果把「活似車輪」局限於腰，眼光就太小了。

第二十章　偏沉則隨，雙重則滯

第一節　偏沉則隨

偏沉則隨，偏是偏移、偏向一面、移動方向，是指外形而言。

沉是指氣沉，不是彎腰蹲身。氣一沉、一吞、一蓄，就可以把對方的來力強勢，化解於無形。高手走化，只是氣一沉、一鬆而已，不會在那邊左搖右晃，前俯後仰，全身亂動。

偏與沉是一體的，如果只有「偏」而無「沉」，那不是走化，而是「逃避躲閃」，是一種敗著、敗闕，是處於一種劣勢、敗勢，是一種「挨打」的架子。

偏，不是逃避躲閃，而是捨己從人，是隨順對方的來勢，是捨去對方的來力。偏，是讓對手之勢力落於「一羽不能加，蠅蟲不能落」的處境，使其拙力不能著於己身。如果不能衡量對手的來力來勢，毫無章法的擺動偏閃搖移，是為不識、不懂太極推手、實戰作略者，只是盲目的作困獸之鬥罷了。

沉，不只氣沉丹田而已，還要氣沉肩肘、氣沉湧泉；湧泉是指下盤腳根而言，不是穴道的上所稱的湧泉穴。認真一點說，氣是要沉遍全身的，因為氣能遍於周身，所以

也能沉於全身。氣是有質量的，利用意念去引導，而下墜於最腳底。

　　為什麼說氣不只是沉於丹田，還要沉於肩、肘、胯、腳等各部位，因為全身每一個關節，都是一個「根節」支力之點，能夠善用這個「根節支點」，它不只在發勁時能達到省力原則，也是借力打力的一個槓桿支點，能夠善用這個根節支點，在走化或接勁時，才能有「偏沉則隨」的效果，因為在偏沉而隨當中，這個「節節貫串」的各根節的「根」是不能失去的，如果失去了「節節貫串」中的各根節的「根」，就會被人打出去，無法走化對手的來力來勢，無法達到「偏沉則隨」的效果。

第二節　雙重則滯

　　何謂雙重？多數人都把雙重解讀為兩腳站立的比重相等，這種說法，不僅狹義，也不盡正確。

　　雙重，應該是廣義的泛指全身的虛實不能運化而言雙重，非狹義的專指兩足之雙重。兩足之雙重未必會影響走化。

　　虛實善於轉化，敵則落空；不會變化虛實，才有雙重呆滯之虞。能領悟體會這個道理，則無雙重之病，才能說功夫已臻純熟；不能領悟體會這個道理，雖腳無雙重，虛實分得清，然而如果周身全體之虛實不能變化，仍然是落於雙重的地位。

　　虛實變換的交會點就是雙重，沒有這個「過渡時期

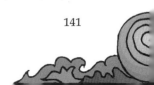

的雙重」是無法變換虛實的，人無法跳過時空而變化虛實，惟有透過交會點的雙重，始能有虛實之變化，故說「過渡時期的雙重」非病。

太極起勢，就是一個雙重，而後陰陽分，始有虛實，之中又復有無數的雙重，無數的虛實，乃至收勢仍以雙重收尾，所以說「過渡時期的雙重」非病。

雙重則滯，不是侷指雙腳而言，而是說「支力之點」與「被打點」產生滯礙，難以化解，這才是真正的「雙重」。所以兩點之間的雙重，是涵蓋上下、左右、前後、內外的，這才是廣義而實質的「雙重」。

第三節　偏沉與雙重

偏是虛，沉是實，偏沉就是虛實，所謂虛實要分清，是指有偏有沉，並不是單指腳的雙實、雙重，若是落於雙偏或雙沉，才是真正的雙重。

雙重就是雙陰或雙陽，沒有「陰陽相濟」，沒有「陰不離陽，陽不離陰」；換言之，雙重就是雙虛或雙實，沒有「虛實分清」，沒有「虛中有實，實中有虛」，落於雙虛或雙實，才是真正的雙重。

為什麼會落於雙重的局面，這都是緣於虛實變化不靈，那麼，虛實變化為什麼不靈呢？

第一是因為呆滯不輕靈，是因為用到拙力、蠻力的關係，使神經、肌膚、筋骨產生疲乏，因為疲乏，所以反應遲鈍，無法在緊要關頭去變轉虛實。

　　第二是因為樁功沒有成就，無法在瞬間打樁借地之力去移動變換虛實；因為樁功沒有成就，踩地不實，落於雙虛局面，而被輕易打出。

第二十一章　每見數年純功，不能運化者，率皆自為人制，雙重之病未悟耳。

　　王宗岳先生說：「偏沉則隨，雙重則滯；每見數年純功，不能運化者，率皆自為人制，雙重之病未悟耳。」

　　一般的太極拳老師，都把兩腳站立的比重相等，解釋為「雙重」，認為這就是王宗岳老前輩所說的「雙重之病」。若是這麼簡單，則老前輩就不會說「未悟耳」這三個字，如果只把兩腳站立的比重相等解釋為「雙重」，就沒有所謂的悟不悟的問題，只要把兩腳的重量調整好，分清「虛實」，那不就沒有病了？如果真這麼簡單，那還有什麼可「悟」的呢？下面我們將整段文字，一一化解，庶幾可以瞭解前輩語重心長的叮嚀，是在說些什麼道理。

　　首句「**偏沉則隨**」，「偏」，就是側重一面，偏移轉換方向、角度之意，所以「偏」不侷限於雙腳比重的偏，還涵蓋全身虛實的轉換，更深入的說，它是涵蓋「氣」的虛實轉換的，因為行功心解有謂「能呼吸，然後能靈活」，所謂「能呼吸」就是知道如何呼吸、懂得如何呼吸，這裡所說的呼吸，不是指鼻腔出入息的呼吸，而是指丹田之氣的蘊蓄、吞吐、摺疊、轉換、運為等等，所

 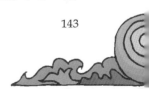

以才要說「能呼吸」；如果是鼻腔的呼吸，任何人都會呼吸，則不需謂「能呼吸」。能運轉丹田之氣去轉變虛實，才得謂之「能呼吸」，懂得了丹田的呼吸運轉變化，才能到達「能靈活」的境地，所以，如果把「能呼吸」誤指為鼻子呼吸，那麼，與「能靈活」又有何涉呢？若是把「能呼吸」誤指為鼻子呼吸，則將是「失之毫釐，謬以千里」，誤會大矣。

「沉」，在方向偏移、轉換、側重一面後還要沉。沉，包含肢體的沉與氣沉；沉，才能「接勁」，把對方來勢、來力承接起來，所以，如果沒有練出「沉勁」，而只是雙腳在那邊移步、騰挪或身體在那邊搖晃、俯仰，都還是屬於不會「化勁」或「接勁」的人，都是「功體」未「純」之人，都是「純功」未成就的人。

「偏」，有肢體的架構形態，屬於外形的；「沉」，除了外形身勢下沉外，還涵蓋最重要內涵的氣的下沉，若只是身體下沉，而氣不下沉，仍就不能接化來勢來力，就會變成以身體的歪七扭八姿勢去應付走化。高手走化只是氣一沉一鬆而已，就能輕易的將對手的攻勢化於無形，這才是高着，哪還用到身體在那邊偏來轉去，只差沒有把骨架扭歪拆散而已，真是天懸地別。

「則隨」，隨，是跟隨，跟著走，把對方的來勢、來力因為自己方向的偏移、轉換、側重一面後，跟隨著走化掉，而隨順我的勢力，順勢把對手打發出去。「隨」意涵著隨打之意，化打之意，化而打之，化打一氣，化就是打，打中有化，這才是深諳變化虛實之人，而不是孤行一

意的以偏概全的主張「全身重量只許放在一隻腳上……若兩腳同時用力就是雙重」。雙重的深意，如果只是侷於兩腳同時用力，沒有把全身重量放在一隻腳上，那拳經、拳論顯然已被膚淺化、低略化，價值就被深重的貶低了。

「**雙重則滯**」，滯，是不流動，不暢通，不順遂，行動被控制住，無法逃脫，一舉一動都是滯礙難行，被牽制的動彈不得。為什麼會被牽制、被掌控，不能化解，那就是犯了「雙重」的毛病。好，從這邊我們可以來探討，如果「雙重」只侷限於兩腳，那麼，當兩腳站死時，身體是否還能動轉？當然是可以的，當兩腳站死時，氣是否還能轉換，當然也是可以的，所以，虛實變化是涵蓋全身內外的，上下內外都能變化的。

太極十三勢歌云：「命意源頭在腰際；變轉虛實須留意，氣遍身軀不少滯。」在腰際，是指丹田之氣，十三勢歌說，變轉虛實須留意，氣遍身軀不少滯，如果變轉虛實只要留意兩腳，那就不需說留意，後句又說，氣遍身軀不少滯。氣遍身軀，不只是全身之氣的遍布及飽滿而已，還有氣的變轉虛實，譬如右邊被按了，右邊的氣變鬆轉虛，讓對方的勢力落空消失，失去著力點，這就是拳論所說的「左重則左虛，右重則右杳」。左重則左虛，右重則右杳，這句當然是涵蓋肢體的走化與氣的虛實變轉的，不是只侷限於兩腳的比重變化而已。

拳經云：「虛實宜分清楚，一處有一處虛實，處處總此一虛實。」虛實宜分清楚，不是外表形勢上把虛實分的清清楚楚，分清楚，是指知所變化，在變化中還有虛

實，這才是真正的分清楚，若只固執死意的堅持「全身重量只許放在一隻腳上……若兩腳同時用力就是雙重」，則非真懂虛實分清的實質義。

「一處有一處虛實」是說全身上下內外，每一處都能有虛實變化的機制，不單指雙腳一處，所以才會強調一處有一處虛實。「處處總此一虛實」，所有變化的機制，都涵蓋在這虛實的靈活變轉，如果虛實只侷於雙腳，則拳經就不必如此的重複論敍這個虛實了。

「**每見數年純功，不能運化者**」，王宗岳老前輩常常見到，每見，就是常常見到，屢見不鮮之意。「數年純功」，是指已經練了很久很多年，「功體」純熟成就之人。純功，純粹指「體」而言，不涵蓋「用」，是指沒有「體用兼修」之人，功體雖然純熟練就了，但是不會運用，所以就「不能運化」，不懂的運用變化。運化，當然是指聽勁的運作與虛實的變化。如果只會「全身重量只許放在一隻腳上」，還是屬於「不能運化」者，因為猶是不懂「一處有一處虛實，處處總此一虛實」之真義者，對虛實之義，沒有融會貫通者。

既然已經數年純功成就了，為何還不能運化呢？乃因不會「聽勁」，不懂得真正變轉虛實之理，以為「全身重量只許放在一隻腳上」就已然是分清虛實了，就不是雙重了。

「**率皆自為人制**」，對虛實真義，沒有融會貫通，就會「率皆自為人制」，就會輕易的被制於人，被人所控制，雖有數年純功，還是因為不知虛實之真義而不能轉化

虛實，終於還是落得「率皆自為人制」的窘境。

　　「自為人制」，是說自己主動送肉上桌，自己因為不知雙重的真實義理，不懂得全身內外都有虛實變化的機制，而自套死侷限在「全身重量只許放在一隻腳上」的聖旨上，而自落敗闕，終而「自為人制」。

　　「雙重之病未悟耳」，此句是這一段文的小結語。因為雙重的毛病，沒有悟得，不曉得雙重真正的義涵，誤把「兩腳同時用力就是雙重」當做座右銘，誤以為「全身重量只許放在一隻腳上」就是棄了雙重之病，所以，雖有數年純功，仍然不能運化，仍然要被「率皆自為人制」，縱然能夠全身重量放在一隻腳上，還是挨打的架子，縱然沒有兩腳同時用力，也依舊是挨打的架子。

　　「雙」，就是兩處的意思，而兩處不限於雙腳兩處，它是涵蓋上下兩處，左右兩處，前後兩處，內外兩處，只要這些各各種種的兩處，被制或自制於無法變轉虛實，被固或自固於一個鈍角、死角，綁結於一處，無法圓化順開，都是屬於「雙重」的範疇。如果全身重量能放在一隻腳上，在被打時，單腳卻與被打點，結成一個死點，雖然兩腳沒有「雙重」，也是犯了「雙重」之病。反過來說，兩腳雖然比重相等，但是在被打點，能夠轉虛，依然可以化去來力，這不算是「雙重」。由此可知，「雙重」不是概指兩腳的。

　　如果能真正悟得「雙重」之病，知道「雙重」真正的意涵，知道「雙重」並非專指兩腳而言，再加上純功的成就，即可運化各種局面，不會落於「率皆自為人制」的

窘境。

第二十二章 欲避此病，須知陰陽，
黏即是走，走即是黏；
陰不離陽，陽不離陰，
陰陽相濟，方為懂勁。

第一節 欲避此病，須知陰陽

「欲避此病」，說的就是「雙重之病」，想要避開
這個「雙重」的毛病，必須知道、懂得陰陽變化的道理。
陰陽，就是虛實，實中有虛，虛中有實，虛虛實
實，變化莫測；懂得虛實變化，就是陰不離陽，陽不離
陰，就是陰陽相濟，才能稱之為「懂勁」。

第二節 概說陰陽

古時候的人，觀察宇宙自然界中各種事物對立的現
象，如天地、日月、晝夜、寒暑、上下、男女等等，以哲
學的思想方式，歸納出陰陽的概念。
中國的傳統學術中，有所謂「孤陰不生，獨陽不
長」及「無陽則陰無以生，無陰則陽無以化」的觀念。老
子在《道德經》中說：「道生一，一生二，二生三，三生
萬物。萬物負陰而抱陽，沖氣以為和。」

1. 陰陽的特性

①兩者互相對立：如熱為陽，寒為陰；天為陽，地為陰；男為陽，女為陰，萬物都有其互相對立的特性

②兩者相互依靠、轉化、消長：陰陽存在著互根互依，互相轉化的關係，陰中有陽，陽中有陰，任何一方都不可能離開另一方單獨存在，因彼此的消長，陰陽可以變化出許多不同的現象分類。

2. 太極之陰陽

道家太極陰陽圖大約在北宋年間，出現了道教的太極圖。太極圖以一條曲線將圓形分為兩半，形成一半白一半黑，白者像陽，黑者像陰，白中又有一個黑點，黑中又有一個白點，表示陽中有陰，陰中有陽。分開的兩半，酷似兩條魚，所以俗稱陰陽魚。

第三節　陰陽在太極拳武術中的義涵

1、動靜：

動是陽，靜是陰。太極拳有動有靜，有陰有陽，陰中有陽，陽中有陰，動中有靜，靜中有動。

所謂動中有靜、靜中有動，是指外形拳架的連動中，而內心是平靜的，這是外動而內靜，內、外、動、靜，構成一個陰陽。

動，是氣動、形動，內外要相合的連動，也就是「一動無有不動」、「一動全身皆動」，在動中去推求氣血的循環無阻，達到健康長壽的效益；在牽動往來，在往

復摺疊之中，去覓尋氣的沉澱與鼓盪而令氣斂入於骨，成就太極甚深的內勁功夫。

十三式歌云：「靜中觸動動猶靜，因敵變化示神奇。」意思是說在靜中是可以隨時去「觸動」的，不是一成不變的恆在靜中，當敵人有所動作，對己有所威脅時，雖處於靜中，卻能於剎那的臨變當中，能自然反應的去觸動機勢的，能夠隨機應變，所以在靜中是能隨時「觸動」的，而且，在動中卻能心靜如水，能靜如山岳，如如不動，所以，在動靜的神變之中，可以因應敵人的變化，而示現神奇的太極功夫。

2、剛柔：

太極拳的剛，不是一般武術的拙剛；太極拳的柔，不是一般體操式的軟。太極拳的剛，是氣的沉澱，是內勁的累積；太極拳的柔，是內勁的百煉成鋼後的韌 Q，不是頑鬆式的軟。

柔，是能量的磨練、聚集、蓄納，是一種蓄勢待發的狀態，是剛的因；剛，是氣勁被蓄積後的突爆，是柔的果。

柔是陰，剛是陽；柔是因，剛是果，陰陽相濟，因果循環，所以，太極不是純陰，不是純陽；不是純柔，不是純剛。

太極拳為何能以柔克剛，因為太極拳的柔，是氣勁的百煉成鋼後所呈現的韌 Q，它能以百煉成鋼後的柔勁，去走化或承接一般的頑剛之力，瞬間加以反擊。若沒有練出百煉成鋼後的柔勁，而欲以一般的頑鬆之柔軟，去承接

蠻拙之力，是為不可能之事。

3、虛實：

太極拳的體與用，都有虛實的內涵。從拳架而言，太極拳是極為重視虛實的，如步法的虛實，手法的虛實等等，都要講求虛實分清，不能含混而過的。

在推手或實戰方面，虛實的變化更是佔著極為重要的地位，若虛實變化不當，而造成立足點與被打點的雙重局勢，將成為挨打的敗勢。

前已言之，雙重之病非侷限於兩腳的虛實，而是涵蓋全身上下、前後、左右的著力點與被打點，這兩點若是造成雙重，才是真正的病，這樣的雙重才會造成滯礙而不能運化，所以雖有數年純功，還是要「率皆自為人制」，還是會受制於人，這都是沒有領悟到「雙重之病」，沒有悟透虛實變化之人。

第四節　黏即是走，走即是黏

走，是順著對方的來勢來力而游走，是隨勢而黏化的，所以，走，不是逃走，不是躲避；走，是黏著當中化去洶湧的勢力，它是沒有丟開的，要黏著走化，不是丟開的逃避，故謂「黏即是走，走即是黏」，因為黏中有走化，走化當中還有黏勁。

黏為何即是走？因為有沾有黏，就有觸覺反應的產生，因為有相黏相觸的關係，就會有聽勁的機制產生。有了聽勁，對方的勢力，來龍去脈，就能瞭若指掌，就能得

機得勢，就能在對手強力逼身時，藉由黏勁、聽勁而走
化。所以說「黏即是走」。

在走化的時候，是不能丟勁的，是不能斷勁的，是
要藕斷絲連的，是要勁斷意不斷的，因為，意不斷，勁才
能斷而復連。走化是黏著走，不是逃避的走，不是歪七扭
八的走，不是前俯後仰的走。

身體的走，內裡的氣猶在，氣勁猶在不斷的。走，
只是氣的一鬆一沉，就化去來力了，氣在鬆沉之中，解化
兇猛的來勢，雖然危機已經化解，但是我方的氣場、磁場
猶附著在對方身上，不即不離，此始可謂「走即是黏」。

人剛我柔謂之走，我順人背謂之黏。剛柔能變化得
宜，始可謂之善於走化之人。在我順人背當中，還能黏著
對方，掌控對方，始可謂之成就黏勁之人。

黏，不是死纏著對方，不是雙手緊扣、緊抓著對
方，不是以蠻力去擷取，這些都是鬥牛式的方法，都是外
法，都是死法，都是屬於「斯技旁門」之列，不是太極拳
的「黏」。

真正的黏，是黏勁成就，其中還涵蓋了沉勁的成
就。黏，不只是沾黏著而已，如果只侷限於沾黏，那還列
屬於「非關學力而有為」的範疇。黏，是有深層的內涵
的，不是表面上的沾觸而已。

黏勁的功夫，是拳論所說：「非用力之久，不能豁
然貫通。」也就是說，如果最基本的內勁功夫還未成就，
以及聽勁懂勁的高層功夫尚未成就，是無法使出這個黏勁
的，也就是說你無法黏著走，或者在走化當中還有黏。

　　所以，如果內勁、聽勁、黏勁、懂勁等功夫都尚未成就，那麼，他的「黏」將只是膚淺的表面肌膚的相接觸不分離而已，是屬於「非關學力而有為」的低劣層次，是太極功夫還未成就之人。

　　如果在走化當中而沒有黏勁，那是逃竄，那是躲避，那是閃開，那是丟失，那是斷勁，是還未入太極之門的門外漢。

　　黏與走是不分離的，是結合貫串在一起的，所以才會說「黏即是走，走即是黏」。

第五節　陰不離陽，陽不離陰

　　陰陽是互相消長的，是相輔相成的，陰少了一分，陽就會多一分，陰多了一分，陽就會少一分，永遠都是維持平衡而對等的狀態，這就是太極。

　　陰陽，涵蓋了剛柔、虛實、動靜、內外、左右、前後、上下、進退、開合、蓄放、曲伸等等，這些都要保持著中道原則，保持平衡而對等。若是偏陰或偏陽，若是有剛無柔，若是虛實不分，若是沒有「靜中觸動，動猶靜」，若是有外而無內，若是有左而無右，若是前後俯仰，若是上下浮躁，若是進退失據，若是開合無準，若是蓄放不整，若是曲伸拮据，凡此等等，都將落於陰陽不調和，陰陽不相濟，不能進入懂勁之林。

第六節　陰陽相濟，方為懂勁

「陰陽相濟，方為懂勁」，陰陽就是虛與實，陰陽相濟就是變轉虛實得宜，有虛有實，實中有虛，虛中含實，虛虛實實，變化莫測。陰陽虛實，不只侷限於外表形勢，不只是肢體的前後、左右、上下，還涵蓋內在之氣與勁的虛實陰陽變化，由內引動於外，主宰於腰，由「腰間」丹田之氣去主宰外形肢體的變轉虛實，才是真正「懂勁」之人，若只會外形肢體歪七扭八，前俯後仰，全身晃動，顛三倒四，離「懂勁」階段，還有十萬八千里之遙，還是初階摸索之人，還沒有資格與人談「勁」，更何況是「懂勁」。

「懂勁」，在第七章第二節已有論述，不再贅言。

第二十三章　懂勁後，愈練愈精，默識揣摩，漸至從心所欲。

第一節　愈練愈精

懂勁後，懂得陰陽虛實變化之理後，愈練愈精，體用兼備，終於漸漸能隨心所欲。

為什麼懂勁之後，能愈練愈精呢？因為懂勁的前階，包括拳架的著熟以及推手、技擊用法的著熟，體與用

都精熟了，當然就愈練愈進入狀況，很多不可思議的功夫，都會源源不絕的自然出生，令人嘖嘖稱奇。

精熟是由勤練而致的，俗話說：「一回生，兩回熟」，又說：「熟能生巧」，由疏生而進入嫻熟，由嫻熟而達到巧妙。

精，是精巧、精緻、精密、精彩、精美、精湛、精準。要達到「精」的境界，只有靠著勤練。

俗話說：「勤能補拙」，又說：「三分天才，七分努力」、又說：「三分天注定，七分靠打拚」。想成就一件事業，要看有無下工夫去努力；練功夫也是一樣，沒有不勞而獲的，你得灑下甚多的汗水才能成就功夫；不下工夫，當然沒有功夫，工夫就是時間，功夫是靠時間累積而成的。

太極拳是靠勤練而得功夫的，但這個「練」，不是傻練，不是盲目的練，首先，你得對太極拳有一些基本的概念，譬如：鬆柔、用意、不用力、輕靈、貫串、虛實、其根在腳等，以及動靜、氣勁的基本常識等等，你得先瞭解，太極拳是在練什麼，太極拳與一般硬拳的相異之處，有了這些基本的概念，再去尋求明師，如能緣遇明師，就要定下心來，專心一意的勤學，學而後練，練而再練，總有一天能進入太極之門。

入門之後，就靠勤練。勤，包括身勤與心勤。身勤就是身體力行，每天都要練拳，要持之以恆，堅定不移。心勤，你的心要時時刻刻都要有拳，運用心智去練，在練習當中還要盡心去思維，認真去求悟。

　　太極拳的「悟」，不是憑空想像，而是要在勤練當中去思維太極拳的道理，所有的太極拳之理盡在「拳經」、「拳論」、「行功心解」等經論之中，要一方面練拳，一方面讀經，再方面要去思悟拳理，要在認真老實練拳當中，去與經論作比對印證。

　　在老實練拳當中，在切心實踐當中，當功體累積到相當的水準，自然水到渠成，自然成就內勁，成就聽勁，然後達到懂勁的境地，從此之後就是倒吃甘蔗，漸入佳境，愈練愈精。這個精，包括功體成就、用法成就。

　　太極拳是一個無底洞，愈練愈深，深中還有更深，永無止境；在無止境當中，在懂勁之後，功夫更是愈練愈精。

第二節　默識揣摩

　　默識揣摩，是說聽聞之後，需默默的自己去辨識、思維，去揣測摩擬，在老實練拳中去深思悟解，去印證，別人所說是否與經論所敘相契合。不是人云亦云，不假思索，全盤皆吞。

　　學習任何運動、技藝、功夫，默識揣摩，這四個字，是非常重要的，尤其是練武術。

　　默，是靜靜的，默默的，在心裡面，暗中的忖度。

　　識，是分別，辨識，以意識去思維、判斷、分析整理，用腦筋去認識、記憶。

　　揣，是揣測，端詳，度量，用心意識去揣度。

摩，是模仿、觀摩，學習、磨練。

學武術，觀師訣很重要。台語俗諺謂「溜溜秋秋，吃兩朵目啾」，意謂學東西，學功夫，要滑溜、順當，全靠兩隻眼睛。

觀，是觀看、觀察、審視。觀要觀的明，觀的細。老師在面前教，你得把他的一舉一動，觀察入微，詳詳細細的收攝進入眼簾，儲存到腦底裡。就像電腦之儲存資料、資訊一般，鉅細靡遺，絲毫無漏。

觀察收攝以後，你要靜靜的，默默的，在心裡面，暗中的忖度，把老師教學時的影像，慢慢的重播、流放出來。然後，用心思維，用意識去分別、辨識，去判斷、分析整理，去認識、去記憶。認識清楚了，記憶純熟了，你得去揣度、模仿，跟老師一模一樣的演練出來。這就是默識揣摩。默識揣摩以後，漸漸的，慢慢的，經過你的用功，經過時間的磨練，功夫就純熟了；功夫純熟了，要用的時候，你就能夠隨心所欲，相互契應。

這是依字義的狹義說法。廣義而言，默識揣摩不只是侷限於外表動作的模擬與觀摩，還涵蓋著心思與觸覺，感覺與反應等等，而不侷限於眼睛、眼識的狹隘範圍。譬如，推手，你不能單憑眼睛去觀察，還得用皮膚神經觸覺去感應，去覺受，去領會。如果光憑眼睛是不夠的，還要有老師的口傳心授。老師的口傳心授，你得用耳朵去聽，用心思去領納，用神經去感覺。是用心思、內意去思維、考量、領受，去默識揣摩。

當你功夫成就後，你得把這些通通捨棄，如果你已

到彼岸，那個舟就用不著了，功夫上手了，這些法就用不著了，一招一式，是有形的法，功夫純熟了，變成無招無式，在無招無式中卻蘊藏著變化無窮的招法，已不是固定式、機械式的招法，在無招無法中，卻能有招有法，此則謂「從心所欲」，此則謂「出神入化」。

經驗的累積，也可以自己去默識揣摩，譬如實戰搏擊，你的招法變化，由遲鈍、生疏，而漸至熟稔、順遂，這中間的過程，你更得去默識揣摩，功夫才能日漸增上。默識揣摩不是固定式、機械式的模仿，你如果固執一個死法，不能舉一反三，不能觸類旁通，那你只是一個印模，一個死板的模仿品，不是一個生機活現的藝術珍品，只是一個工匠雕琢的凡俗物類。

所以，默識揣摩是可以自己去創造，是可以自己去締造自己的風格，不是一味的默守成規，拾人牙慧，隨波逐浪，自縛於死胡同中。

第三節　從心所欲

因為懂勁之後，就能愈練愈精，終於達到從心所欲的境地。從心所欲，就是心想事成，心裡想要怎麼樣就能怎麼樣。

子曰：「吾十有五而志于學，三十而立，四十而不惑，五十而知天命，六十而耳順，七十而從心所欲，不踰矩。」以學識修養而說，連孔子這樣的聖人，都得要到七十歲才能從心所欲，而且不踰越規矩。那麼，太極拳的修

煉，當然得先進入懂勁的階段，懂勁以後，還要更加勤練，夙夜匪懈，才能愈練愈精，功夫愈來愈精深，這時後始能從心所欲。譬如，能夠很輕易的化去對方的蠻橫之力；發勁時，皆能發而必中，而且，要對方倒向東他就倒向東，要對方歪向西他就歪向西，會很聽話，這就是懂勁後功夫精深的神妙境界。

第二十四章　本是捨己從人，多誤捨近求遠，所謂差之毫釐，謬之千里，學者不可不詳辨焉，是為論。

第一節　本是捨己從人

本是，本來就是，本來如此，本來就要這樣的。王宗岳老前輩寫「太極拳論」到這邊，就要下結語，作一個總結。他說，太極拳原本就是一種捨己從人的功夫，也是一種與眾不同的武術，一般的硬拳，都是霸王硬上弓的，都是積極主動而強勢的，都是得勢不饒人的。只有太極拳這個異類武術，反行其道，以順從人意、捨己從人為主，不與人硬頂硬抗。

捨己從人，是捨去了自己的主觀意識，捨去自己的力量，把僵力化成柔勁，像水一般柔順。你用刀劃水一刀，水是任你宰割的，不會哼一聲，但它能疾速的復合，

毫髮未傷，你用力拍打它，它默默承受，但痛的是你的手掌，你用石頭丟它，它只嘟一聲把石頭吞下去，這是水的性，是水的捨己從人之性。

從太極的拳架而言，練太極拳，必得先將原有的拙力、僵硬力捨去，只有捨去拙力、僵硬力，氣的流行才能順當，也唯有透過鬆柔的鍛鍊，氣才能慢慢沉澱下來，再透過心的靜定，以及「以心行氣」、「以氣運身」的太極心法，讓氣騰然起來，終而「收斂入骨」，聚成內勁。

很多人不想捨去本身擁有的拙力、僵硬力，尤其是天生孔武有力的人，因為不肯「捨」，所以永遠無法「得」，不能得到太極功夫。

在推手或實戰方面，孔武有力的人，因為自恃天生的力氣，只能硬取蠻幹，胡纏濫打，這是「有力打無力」，「此皆先天自然之能」，「非關學力而有為也」，是屬於「斯技旁門」之類，與太極無關。

所謂「捨己從人」，就是捨棄自己的頂抗蠻力，以柔順的黏沉之勁而隨順彼方之勢力，也就是「人剛我柔」的去走化，這就是「人剛我柔謂之走」。捨己從人的聽勁走化，是因為有黏勁的關係，才能達到「我順人背」的控勁技巧，故謂之「我順人背謂之黏」。

在推手方面而言，對方來多少力，我方就要隨順的走化多少力，使其勢力不著己身，讓對方落空，沒有著力點，這就是「引進落空」，引進落空以後要合其力勢，透過摺疊吞吐技巧，回勁反打。若是對方力量來了，我就頑力頂抗，想以此而立於不敗之地，往往得到反效果，永遠

都是處於挨打的局勢。而且，用上蠻拙之力，氣就會虛浮起來，氣就會散漫而混亂，氣就永遠無法沉著下去，永遠無法透過氣的沉著而收斂入骨，也將永遠無法成就內勁，這樣就會離太極拳的本意愈來愈遠，而落於「斯技旁門」之列，永遠都是太極拳的門外痴漢，屬於無智之流，離太極拳愈來愈遠，這樣的人就叫做「捨近求遠」。

第二節　捨近求遠

捨近求遠，就是捨棄近途捷徑，去追求遠不可及的虛幻目標，也就是說，有一個寶藏近在眼前，你放棄不想要，卻選擇彎曲迂迴而且非常遙遠的路，虛妄幻想在遙遠的未知的地方，會有更大更好的寶物，結果到頭來只是一場空幻，失去了近在咫尺的寶藏，這就是愚癡。

太極拳的「近」途，就是鬆柔，就是專氣，以專氣而致柔，成就內勁。如果捨棄鬆柔，及練氣求勁的方式，而去追尋旁門左道的功夫，譬如打沙包、劈磚與重力練習等等，就是「捨近求遠」，因為練這些斯技旁門硬功，只有離太極拳本質愈來愈遠，永遠無法成就太極拳的甚深武功。

有些人練太極拳，不肯捨棄蠻拙之力，每天要練肌力、練伏地挺身、練舉重、練打沙包，還有兩人以手臂互相打擊的「撞胳膊」，打到手臂腫得像饅頭，然後用藥洗塗抹，這是「捨近求遠」。

國外有一種硬拳，從小就要以手腳打擊樹木，把骨

頭打碎打斷，讓它再從新長骨，新增的骨愈來愈大，練的像鐵鎚一樣堅硬，認為這就是功夫，這些功夫只是短暫的成就，沒有辦法永久守成，要保任不失就得長期忍受皮肉之苦。這些功夫是會傷害身體的，會留下某些病痛後遺症的，沒有智慧的愚癡之人，才會去追求的。

鬥牛式的推手，不肯從基本功體去練習，專練腳力、頂力、抗力，以及一些外在的膚淺走化，如前俯後仰、扭腰甩肩、摟抱摔打等等，這也是「捨近求遠」，表面上看起來似乎能較快速的成就「讓人推不動」的假象死功夫，而事實上是離太極是愈來愈遠的。

修煉太極拳，必須腳踏實地，一步一腳印，太極拳絕對沒有速成班，你一定要灑下甚多的汗水，運用智慧，堅苦卓絕，堅定不移，持續不斷，努力學習，始克有成。

所有速成之法，都是「捨近求遠」之法，都是愚昧之法，智者應當知所取捨。

第三節　差之毫釐，謬之千里

俗話說：「毫釐之差，天地懸隔。」這是說，練太極拳如果體會錯了，看起來好像只是一點點的謬差，但它的錯誤卻是天差地別的，是不可以道里計的。

這句話是延伸上句而說的，是講太極拳在體用上本來是「捨己從人」的，不論在拳架或推手用法，都是主張不尚拙力的，強調用意不用力的，一切都須捨己而從人的，若是違反這個道理，就會變成「捨近求遠」，「捨」

棄鬆柔這個「近」途而去追「求」遙（「遠」）不可及的虛相法。如果捨鬆柔而求蠻拙之力的斯技旁門，那麼，雖然認知上的錯謬，只有一線之隔的毫釐差別，得到的結果是千差萬別的。

認知上的錯謬，譬如，前面王宗岳老前輩所說的：「斯技旁門甚多，雖勢有區別，概不外乎壯欺弱，慢讓快耳。有力打無力，手慢讓手快，此皆先天自然之能，非關學力而有為也。」這後句的「非關『學力』而有為」，很多人都誤會了，把『學力』錯解為學習力量。如果把它解讀成「學習力量」而有所為，有所成就，誤會就大了，就會變成「差之毫釐，謬之千里」了。

某位考證太極拳是某人所創而不承認係張三丰祖師所創的大師也這樣說：「力大勝力小，有力打無力，手快打手慢，是一種規律，但力量和速度也不是先天自然之能，也需要學習鍛鍊才能加大力量，加快速度的，因此，『非關學力而有為也』這句話是錯誤的。」此師認為「非關學力而有為也」這句話是錯誤的。意思是說，力量和速度不是先天自然之能，是需要透過學習鍛鍊才能致之的，所以他認為「非關學力而有也」這句話是錯誤的。

這是道地的「差之毫釐，謬之千里」，因為他自己把祖師這句「非關『學力』而有為」誤解了，所以他認為力量和速度不是先天自然之能，是需要學習鍛鍊才能致之的，這根本是與祖師唱相反之調的，誤會大到不能計算了。這是大師，是名師，也是考證大師。

第四節　學者不可不詳辨焉

這是最後的叮嚀，最終的囑咐，是語重心長的惇惇
教誨，警告後輩學人，要以智慧去辨別，名師、大師所寫
的論述、所講的話，有些是錯誤的，你要詳細的去辨識，
不要被那些阿師所矇罩。

第五節　是為論

王宗岳老前輩說：這就是我所寫下而流傳的「太極
拳論」。

太極拳論到此就結束了，第二十四章是個結語。

第二十五章　此論句句切要，並無一字敷衍陪襯。非有宿慧，不能悟也，先師不肯妄傳，非獨擇人，亦恐枉費工夫耳。

第一節　此論句句切要，並無一字敷衍陪襯

這太極拳論，每一句、每一字都是切切實實的，而
且都是很重要的，並沒有一字是敷衍搪塞的，沒有一句是

陪侍襯托性質的。

　　有些人寫文章，只求文詞華麗，而沒有實質內涵，就好像繡花枕頭，外表光鮮亮麗，裡面塞的卻是草包，表裡不一。現在市面上有很多書，都是精裝本，彩色圖片陪襯，文字論述變成配角。

　　有些人寫文章，東抄西湊，沒有自己的實踐心得與創見，為搏取他人之讚賞尊敬，或為逞自己的發表慾而盜取他人之作品，這種沽名釣譽的行為，俗稱文抄公。在報章雜誌如有文抄公被發現，馬上會被公布姓名，失去顏面。

　　論述之發表，可以是自由、公開、活潑的，是百花爭鳴、欣欣向榮的，各家有各家的獨特之處，個人有個人的心路歷程，透過敘述、不同見解之辯證，使太極拳逐漸發揚光大。

　　發表文章，要講出重點核心，寫經論須句句切要，每一句都要有它的意涵，要有啟發性與實用性，要讓人看了有所獲益。

第二節　非有夙慧，不能悟也

　　夙慧（又稱宿慧），是一種與生俱來的智慧，說玄一點，就是上一輩子或上上輩子有學過那個技能、技藝，就像被儲存在個人的電腦資料庫，這輩子又把它帶來。有些神童或天才，很小或一出生就身懷某種特殊的才能，都還沒學過，但是就會了，或者很快就能學會，而且成績非

常優異，這就是「夙慧」。也可以說前世因學習而獲得的智慧被帶到這一世來，也可以說今世透過努力學習而累積的智慧，會延續到下一世。

太極拳是智慧之拳，沒有智慧是悟不了的。那麼，如果沒有這種與生俱來的「夙慧」，那又該如何呢？就自暴自棄或者妄自菲薄？如果這樣的話，那就永遠沒有成就功夫的希望。智慧是可以累積的，是可以透過培養學習而成就的，不能依賴上一輩子，否則就變成了「宿命論」者，不是大丈夫的行事風格。若是這輩子能潛心修煉，卓絕堅定，那麼下一輩子，你就能擁有這個「夙慧」，說不定下輩子，你就是一代宗師。所以，努力所付出的代價，是功不唐捐的，不會耕耘而無所獲的。

學練太極拳是要靠一點智慧的，不能盲修瞎練，從老師那邊學來的東西，要認真的練習，從練習當中要去思維，透過努力的修為，就能有悟境出現，悟後再練，功夫就能累積成片。如果沒有老實認真的練拳，成天想東想西的，那麼到了驢年也悟不出什麼名堂來，智慧也沒辦法出生、累積，下輩子還是白癡一個。

學任何技藝都要能舉一反三，觸類旁通，學拳也是一樣，如果固執己見，固步自封，不思突破升進，那麼進步就會受限。

第三節　先師不肯妄傳

先師，是指老師已經過往了，不在人世了，作者在

寫這個「拳論」的時候，他的老師已經作古了。

　　「太極拳論」，是王宗岳老前輩所寫的著作，而所遺留下來的「拳論」都只到「是為論」這邊就結束了，沒有二十五章這一段「此論句句切要，並無一字敷衍陪襯。非有夙慧，不能悟也，先師不肯妄傳，非獨擇人，亦恐枉費工夫耳。」那麼，這一段是否後人所加註，或是原論就有，不是本文的論述的重點，就留給考證專家去考證。

　　以前的人，傳授太極拳功夫是很謹慎的，老師擇徒是很嚴謹的，不會隨便亂傳太極功夫的，所以，擇徒要看學生的品德、修養等等的。而「拳論」這邊所說的「不肯妄傳」，是專指學生的智慧而言的，因為太極拳這門功夫，是「非有夙慧，不能悟」的，如果學生頭腦魯直，只怕老師即使有心想將功夫傾囊相授，但因為學生的領悟能力低劣，無法體會太極原理，而枉費心思，白忙一場。

第四節　非獨擇人

　　擇人，就是選擇徒弟。俗語說：「明師難遇，良徒難尋。」這是一個相互關係，是一種緣份。有的學生想找一個明師，就是遍遇不著，想學功夫，卻不能如願。也有很多老師，一直在覓尋一個可以傳承接班的學生，也是遇不著，這就是緣份，沒有緣，就只能留下遺憾。

　　擇人，老師要擇人是很難擇的。有的學生看起來一表人才，體格也是練武的材料，偏偏就不肯努力認真老實的練拳。有的學生很聰明，但喜歡投機取巧，不肯腳踏實

地,妄想一夕成名。有的學生朝秦暮楚,心定不下來,一年換二十四個老師,總覺得隨學的老師不夠好,到頭來,一事無成,蹉跎歲月。有的學生,雖然還算認真,但是慧力不足,無法舉一反三,徹通拳理,進境有限。有的收到惡徒,背師叛道,使老師蒙羞。

所以,古時太極拳的傳授,是很嚴謹的,不肯妄傳的,不像現在,提倡全民運動,太極拳已被普遍化,但是也流於通俗化及低劣化,已經變成體操運動的一種,不再是一門涵蓋高深技擊藝術的武功,不知是應該高興,還是悲哀?

第五節　亦恐枉費工夫耳

教太極拳,除了口傳心授,言教身教,還得透過種種的譬喻,想盡辦法要去成就學生,所以,老師所花的心思、所花的時間,是難以用筆墨來形容的,老師絞盡腦汁,就是想讓學生去徹通拳理,能夠明白太極經論到底在講什麼,要如何才能成就這個功夫。

工夫,就是時間,教功夫,要花很多時間,因為太極拳功夫的成就是極其不易的,有道是「太極十年不出門」,想成就這個甚深的太極功夫,最少得花十年以上的時間,那麼,老師花費這麼長的時間去調教一個學生,而這個學生卻因為智慧不足而無法成就,這就是「枉費工夫」,浪費時間,變成「白做工」。

第參篇　太極拳十三勢歌

十三勢歌（原文）

十三總勢莫輕視，命意源頭在腰際；
變轉虛實須留意，氣遍身軀不少滯。
靜中觸動動猶靜，因敵變化示神奇；
勢勢存心揆用意，得來不覺費工夫。
刻刻留心在腰間，腹內鬆靜氣騰然；
尾閭中正神貫頂，滿身輕利頂頭懸。
仔細留心向推求，屈伸開合聽自由；
入門引路須口授，功夫無息法自修。
若言體用何為準，意氣君來骨肉臣；
想推用意終何在，益壽延年不老春。
歌兮歌兮百四十，字字真切意無遺；
若不向此推求去，枉費工夫貽歎息。

第一章　十三總勢莫輕視

十三總勢，即掤、捋、擠、按、採、挒、肘、靠、進、退、顧、盼、定。

十三總勢，就是八種手法，五種步法。八種手法是掤、捋、擠、按、採、挒、肘、靠。這八字又叫八門或稱八卦，就是四正四隅八個卦位。震、離、兌、坎四卦的方位是東南西北，四正方；乾、坤、艮、巽為西北、西南、東北、東南方，叫四隅；五種步法是進步、退步、左顧、右盼、中定，稱為五行，即金木水火土。

太極拳原來就叫做「十三勢」拳，這十三總勢招式看起來好像很簡單，但卻涵蓋了太極拳所有的內涵與精華，所以，修煉太極拳，你不可以輕視這十三總勢，若跳脫了十三總勢，就不是太極拳了。如果十三總勢拳架練好了，也能運用裕如，則太極拳已大致齊備矣！

為什麼說「十三總勢莫輕視」？因為太極拳所有的重點都在十三總勢裏面，你若輕視了這十三總勢，就是跳脫了太極拳所有的內涵範圍，就成為太極拳的門外癡漢。所以，凡是修煉太極之人，必得非常的重視這十三總勢。

那麼，十三總勢到底是什麼？下面就要來做一個概說。

第一節　掤

　　掤，又俗稱捧，好像手掌捧物狀；然而，這個掤的用法是極廣泛的，並不是全然以手掌來施為的。手臂的陰面或陽面都能做出「掤」的態勢與勁道。

　　掤，好像皮球，可以承受壓力，也似皮球有彈性，你用力壓按它，它會有一股膨張力顯現出來。

　　掤，是乘載之意，好像海水，它有張力、浮動力、承載力、支撐力，這種力是機動而有彈性的，不是頑固、堅硬、抗頂、笨拙之力。

　　掤，可以載浮載沉，千萬噸的巨輪加諸其身，可使其浮在那邊。在太極裡頭的運用就是「接勁」，把力量接在半空中，讓你的根盤虛浮起來。

　　掤勁，就像氣墊床，床內充滿著氣，你從高樓跳下來，它可以將你承接著，讓你毫髮無傷。

　　掤勁，像彈簧，你壓按它，它可曲可伸，將你反彈出去。

　　掤勁，可以接勁、可以發勁，是可守可攻的。掤勁，有靜有動，靜就是訪察敵情，禦守城邑，蓄勢待發；動就是衝鋒陷陣，制敵機先；掤勁，有虛有實，虛是沾黏，實就是連隨而打；掤勁，可聽可覺，技擊實戰的千變萬化全憑掤勁之功。

　　掤勁的修煉，心裡微微作意，將手臂輕輕提起，如此已經進入「掤」的狀態中，此時內心宜靜，氣息微微，

全身放鬆，手臂舉提起要鬆得好像要掉下來一般，自己要有很沉重的感覺，持之以恆的鍛鍊，這股氣愈沉愈重，然後斂入臂骨，聚集儲藏而成為手臂的內在暗勁，就稱之為掤勁。

靜態的鍛鍊，可用站樁來練習；動態的鍛鍊，就是練基本功及拳架。打拳架，腳根的樁要入地，要沉穩如山，以腳根帶領去拖曳身手，手只需輕輕提著，不着一絲拙力。手被拖曳時，要有被周圍空氣阻礙的感覺，似在陸地行舟的模樣。此時手臂因被動的關係，被腳根及腰身拖曳帶動的關係，內裡的氣血有膨脹賁張的感覺，如針筒管被壓擠時，裡面真空之不得宣洩，在推壓時呈現的一股無形卻可感受的阻壓。

練基本功可作定步練習，如左右雲手、採手、翻蓋掌、按掌、穿掌等等。原則上只是腳根不動如山，前後左右撐蹬要有二爭力。手臂盤起，應將整隻手的支撐點、著力點擺放在手臂之根節，也就是肩部，次為中節肘部，所以肩要沉，肘要墜。

推手練習，也可練就掤勁。在練推手時，手臂更需保持鬆柔，不可力頂。對方鉅大的來力，要以海水鬆柔的承載力，吞蘊接入腳底，鬆中含有暗勁及彈勁，如此才能輕鬆走化，並將對方反彈而出。

一般說法，掤在兩臂，這是狹義之說。前面說過，掤是一種膨張力、承載力、撐持力，所以，虛領頂勁的時候就是頸掤，含胸拔背就是背掤，沉肩墜肘就是臂掤，坐腕舒掌就是手掤，鬆腰落胯就是腰掤，氣沉丹田就是腹

掤，貓步躘行就是腳掤。掤其實是全身都涵蓋的，不只是手臂才有掤勁。柔中有掤勁才是真鬆，失去掤勁就是懈怠，就是空中樓閣。

第二節　捋

捋，正確的寫法是履左邊加提手旁，「攦」這個字，一般字典找不到，電腦字型更沒有這個字，所以都以「捋」代替。

捋的用法大部分是制關節，是一種關節技，有手捋及臂捋，有小捋與大捋。手捋及臂捋的用法是一手抓扣對方的手腕，另一手手掌或小臂壓按對方肘部，運用槓桿原理壓制對方的關節；小捋與大捋有「帶」及「走」的動作，運用步法的擺扣走小圈及大圈，利用向心力與離心力原理，將對方拋擲甩開，使其傾跌，達到制敵效果。

捋，手臂或手掌要有暗沉之勁，才能施展槓桿原理的支點之巧力，也要運用向心力與離心力原理，才能借力使力輕鬆將對方制服。

拳諺云「捋不要捋到自己身上來」，意思是說你捋對方時，不要往自己身上方向攬過來，為什麼呢？因為這樣的話，對方會做出「順勢靠」的動作來靠你，以手臂來靠你，或以肘來打你，成為挨打的敗勢。

第三節　擠

歌云：「擠為半身靠，臂掌一齊攻。」

擠，是利用內手手掌貼著外手掌或手腕一起施力，以內手壓擠外手的一種打法，這也是太極拳特有的打法，是種兩手合作，一起連結施力的打法。

擠，是一種暗勁，是貼近敵身時才施打的擠勁，是一種掤勁與按勁的聯合打法，前手手臂是掤勁，後手手掌是按勁，掤按結合就是擠。

擠的用法，通常是對方用力採我，我就順著他的勢力向前擠；對方如若向側面採，我就做一個步法的擺扣迴旋，再驅進敵身擠他。

擠，類似一種隔山打牛的手法，前手以臂貼人，後手隔著前手以按掌暗勁打人，雖然隔著一隻手擋在前面，但澎湃洶湧的暗勁卻能直透腑臟深處，微妙而不可思議。

第四節　按

按，是太極推手中最常用的手法，也就是利用雙手的立掌去壓按對方，兩手若不呈立掌坐腕的狀態，是無法按人的，因為掌不立腕不坐，這樣腕部就沒有根，沒有一個基座讓手掌依靠，力量就使不出來。

坊間有人刻意標榜「美人手」，主張手掌與腕部要平直柔順，不能坐腕，否則氣血不能順暢，認定這樣才符

合鬆柔不用力的原則。如果主張手掌與腕部要平直柔順，才能使氣血順暢，如果這個邏輯能夠成立，那麼就不用沉肩垂肘、不要落胯曲膝了，整個人都是僵直的像殭屍一樣，像機器人一般，豈不是更好？在推手或實戰方面，諸位可以試著用美人手平直的去按人，檢驗這樣能不能發勁，能不能打人，能不能作戰。

按，也是一種貼身打法，勁道要深入透裏，要打到內臟裡面，不是打在肌膚表皮。一般鬥牛式的推手雙按都是打凌空掌，「砰砰」的好大聲，是要借助距離及時間的，距離如果不夠，他就按不得，這就是內勁沒有成就，只能靠滿身的蠻力去按打。

內勁、暗勁成就的人，貼著身輕輕一著意按下，內勁就會直透到腑臟去，讓你驚悚駭畏，如臨深淵，如被推落斷崖，心吊在半空中的恐懼驚慌。

按勁成就的人，按到對方的身體，對方膚肌被按的感覺就像一層棉絮裹身一般軟綿綿的，外表的皮膚肌肉沒有僵硬繃痛的感覺，但身體裏面的臟腑卻是非常震撼與驚悚的，有如履薄冰的危機之感受，但等被打出回神之際，猶不知是怎麼回事，莫明所以，這是高手的發勁。

以兩掌向人按掌發勁，須是鬆綿而富有彈力的，若不如是，則是自己用到了拙力，不是以氣勁來作發勁，而是以天生之蠻力而為的，也就是不會發勁之人。

練就渾厚的內勁之人，以兩掌輕按對方，輕鬆一彈，對方就會彈抖奔跌而出，甘脆而俐落的。這是高手的發勁，他可以掌控自如，點到為止，不會傷害到對方。

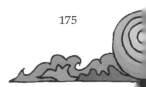

若是一般的蠻拙力，出手是無法節制力道的，打出去力量就出去了，難以收手控力，所以往往會造成無謂的傷害。

第五節　採

採，就像採水果一般，須有頓挫之意。這必得內勁、沉勁成就，丹田之氣圓熟飽滿，加上會打樁才行。

採，是一種脆勁，採水果必須有這個頓挫而不拖泥帶水的脆勁，才能即刻將果粒採下，果粒與枝梗瞬間分離；若是沒有這股脆勁，拖拖拉拉的，果粒與枝梗牽連不離，這就是有拙力成分。

內勁沒有成就的人，採人都是兩手緊抓對方的，靠著蠻力靠著身勢奮力的抓採，這個效果，如果蠻力夠大，是可以把人拉採出去，但這是下著，不是高妙手法，不是高手的施為格調。

採，一般都是以十指採人，但真正高手施拿採勁，拇指、食指、中指三指輕輕的沾黏對方，就可頓挫將人採下，這除了靠著黏勁及沉勁之外，還有丹田氣的搭配，以及打樁的訣竅，你必須會打暗樁，將丹田氣挹注到腳底打下暗樁才行。

這暗樁的打法，只是丹田氣一運一鼓，樁就入到地底，用眼睛是看不到的，所以叫「暗樁」，這暗樁純是完整一氣的氣爆，是意到、氣到、勁到、樁到的一股整勁，高手打樁，只是一個作意而已，所謂「作意」就是在極快

的瞬間起了一個念頭，也就是心中閃過一個意念，這就是作意。

第六節　挒

挒，是以兩臂互相配合來制敵，一手向內一手向外施力，或一手向左一手向右施力，或一手向前一手向後施力，如拳架招式中的野馬分鬃等是。

挒，是一種二爭力的施為，如內外的二爭力、左右的二爭力、前後的二爭力。挒，是一種槓桿原理，也牽涉到向心力與離心力的範圍。

在用法中，對方如以掌按我，我則曲膝落胯，在偏沉則隨後，在化去來力後，一手順勢往上扣握其手腕，另一手則伸進其肘，以制關節方式挒之，或一手伸進其腋下，以野馬分鬃招式挒之，對方必跌。

第七節　肘

肘，台語稱之為「二節」，就是以手臂的中節攻擊敵人，有上肘打、橫肘打、後肘打等。

肘，是一種近身打法，這是硬拳系統說的，因為硬拳系統較少有貼身打法，他們出拳大部分需要借助距離，有一個距離，他的出拳才有揮灑空間，太貼身則會形成有力出無路，施不出力量來，所以，在硬拳系統中肘打算是近身打法。

在太極拳及內家拳中，幾乎所有的發勁都是進身、貼身而打的，發勁是不需有距離的，在太極八法中，掤捋擠按採挒肘靠都可貼身發勁的，這種發勁純是一種氣爆，只是意念的牽動，立即引爆，所以不需有距離及時間，可以疾速的命中目標。

籃球比賽，在搶球截球當中，因為貼身太近，難免會遭到肘擊的暗算，吃到悶虧，如果深諳太極推手，則可防範被偷打並使出反制。

在泰拳系統，肘打及膝頂是他們慣用的招式，但是他們用的大部分是外力，較少涉獵到氣與勁的層面。而且在練法中必須以手腳去撞擊樹木、牆壁或硬體之物，把肌肉皮膚神經先練死，練到沒有痛的感覺。在中國硬拳武術系統，這樣的練法是屢見不鮮的，這些都是被王宗岳老前輩歸類為「斯技旁門」的範疇。

第八節　靠

靠，顧名思義就是靠近的打法，這也是太極拳特有的打法。被捋或採時，要順勢進步靠去。

靠，有肘靠、肩靠、背靠、臀靠等等，通常用的都是臂靠，以整隻手臂去靠人。

靠，是一種撞勁，不純是用局部的手、肩等去靠人。靠的時候，後腳要有蹬勁，力由地起，要會打樁入地，產生摺疊反彈勁，這個勁靠出去，氣勢才會磅礡，力道才會洶湧，才能完整一氣。

靠勁，就好像汽車撞著物體，剎那煞車，在瞬間物體被撞飛出、跌落，然後粉碎。

練習背靠，有一種方法，就是練習背部撞牆。練過太極拳推手的人，可將撞牆功做為發勁的練習，腳根可以打樁，借地之力，就好像真的發勁一樣，只是把發勁的手變成背靠而已。

練習撞牆功，背部要平正，靠撞時，以不撞到脊椎骨為原則。初練，宜適力、適度，動作速度要有節奏，不可太快。在撞牆之瞬間，需氣沉丹田，並將氣凝聚運至背脊，使背部形成一層氣囊，這樣才能保護脊椎不受傷害，在此同時，嘴唇微張，隨著丹田的鼓盪作用而自然發出「哼」聲或「哈」聲，如此可以使氣的流通更順暢，不致憋於腑臟之內而受到內傷，而且，做「哼」、「哈」之聲，有助於丹田之氣的聚集。

內勁成就而且會發勁的人，玩起撞牆功，震牆力道非常驚人，要把牆壁撞倒，似乎不是難事。

第九節　進　退

進，是前進、進步，驅身向前之意。退，是退回、撤步，身形向後之意。

進步，看起來好像是很簡單的事，一般走路就是兩腳不停的進步，只要是肢體健全的人，都不覺得進步走路是困難的事，而且每個人每天都是要進步走路的。

在武術的領域裡，進步不只是踏出腳步前進而已，

這個做為攻擊要件的進步是得透過訓練才能致之的，才能在搶進攻擊時達到預期的效果。

在實戰的攻防中，搶得先機是致勝的要件。如果進步不快速，是無法搶得先機的。太極拳經云：「向前退後，乃能得機得勢。」這是指進步與撤退的快疾，進退適當得宜，才能得機得勢。拳經又云：「有不得機得勢處，身便散亂，其病必於腰腿求之。」如果不能得機得勢，身形就會潰散混亂，罹犯這個毛病過失，都是緣之於聽勁反應不靈敏而致進退失據，要改善這個問題必須從腰腿去尋求解決之道。

腰腿是連動一體的，腰的動轉靠的是腿，腿的進退靠的是樁法的撐蹬穩固，在前進後退之中，都是要打樁借地之力的。進退若沒有樁法做為基礎條件，那麼這個進退在實戰的攻防中，是無法發揮作用的，可見樁法在武術作戰裡是佔有極為重要的地位的。

在樁功成就後，樁法的運用，除了打樁之外，就是前進的蹬步及後退的撐步。

發勁，必須打樁，打的是暗樁。

正確的打樁，是樁功成就，內勁成就，內氣成就圓滿，在意到時，已然氣到、勁到，完整一氣的打樁入地。打樁，看不到身形，看不到曲膝，只是氣一沉、一凝、一聚而已。

前進蹬步是後腳打樁，後退撐步是前腳打樁。打樁，純是意與氣之神妙運用，配合肢體勢力，謂之外形內意。

　　打椿必須透過練習後，才能慢慢得到要領。初學者總是打不出凝結有勁道的椿，那個椿打下去，總是空空無物，不脆不響，打得腦袋暈暈的，還是不得要領。

　　打椿必須椿功有成之後，能入地有根，勁道能透入地底深層，入地三分，有了這個基礎，才能稍知打椿竅門。只要意一動，氣一沉，自然能在瞬間打出結實、磅礴、凝聚，令人驚悚駭然的「椿」。

　　沒有椿功做基礎的武術，都是王宗岳老前輩所說的「非關學力而有為」的「斯技旁門」。沒有椿功的基礎，則無撐蹬之勁而造成進退失據，在太極十三總勢之中，已然丟失二勢；十三總勢每一勢都很重要，都不可輕視，所以這個歌，開宗明義，首句就明示：「十三總勢莫輕視」。

第十節　顧　盼

　　顧，是觀看，有探望、審視之意，含有眷念、照料成份。盼，也是察看，有顧視、盼望之意。

　　顧盼，意思是相彷相近的，但是，在太極十三勢歌裏，為什麼要把它各立為一勢，因為它們有左右互相兼顧、互相照顧的意義，所以才有「左顧右盼」之說，也就是說要全盤照顧周詳之意。

　　顧、盼，其實是都含有各自的主從、各自的陰陽、各自的虛實關係，這要看它的實際運作變化，在顧盼之間，有左即有右，有前即有後，有上即有下，要左顧右

盼，要觀前顧後，要仰視俯瞰，要顧盼自得，要顧盼生
姿，在拳架的行運之中，顧盼皆有主從之分、皆有陰陽之
分、皆有虛實之分。

顧盼，是神意的展現，是靈氣的表露。打拳要神采
奕奕，斂而不放逸，眼光照射要有神光，眼神要有變化，
有時要含蓄，有時要放射，殺敵肅奸的時候，凜然之神氣
就要展現出來，在蓄勁凝氣的時候，眼神就要蘊涵攝斂到
內心深處去。

顧盼在實戰之中是有虛實變化的，有聲東擊西之
意，有看上打下之意，有顧左右的探訪而深進敵中的，
有詐敗逃退而回眸反擊的。

所以，顧盼除了在拳架中扮演意氣的領動之外、除
了展現拳味的意氣風發之外，在詭譎的戰鬥中，顧盼的運
用涵蓋了虛實的神變，以及凜然正氣的氛圍。

顧盼在拳架中，除了眼神的凝視觀看之外，它有另
一層意涵，就是內心的照料，深處的審度，是一種意念的
顧盼，

所以，顧盼是有外也有內的，有外表眼神靈動的顧
盼，有內部氣勁流行的照料。

第十一節　定

定，有兩層意義，一是外表肢體的中定平衡，一是
內心舒靜的定力。

中定，就是立身中正安舒，這是狹義的說法。有時

身體沒有中正，有些斜度，但身法、步法能夠取得平衡而無敗闕，依然可以稱為中定，這是廣義的說法，所以中定是涵蓋斜中正及四面八方的偏中正。

在虛實變化中，如果能隨時取得平衡點，能夠支撐八面，立於不敗之地，即謂之中定。

中定，不是雙重，也不是質量的雙腿的比重，只要取到平衡點，善於變化虛實，就是中定。

中定裏面是有虛實的，即使在雙重中，能隨時取得平衡，即為中定。

定的另層意涵，就是內心的安定。打拳要神舒體靜，無憂慮牽掛，無妄想雜念，這樣，氣的運行才能順遂通暢，才能氣遍周身。

定力要如何培養呢？

禪宗講「內心不亂，是為定」，碰到任何狀況，心都不會慌亂，這就是定力。真正的定力，就是內心有一股強大的穩定力量，一種自我平衡的情緒，心平氣就和，就不會慌亂浮躁，這樣在遇到事情時才能迅速的做出正確的反應，面面俱到。

在武術的層面，定力來自於膽識，而膽識來自於藝高，所謂「藝高人膽大」。如果技不如人，內心就有恐懼、怖畏，就會心慌而氣亂，心浮而氣躁，失去定力，只有挨打。

十三勢中的「定」為何擺在最後？因為前面的十二勢若俱備了，身體才能保持中定而平衡；體用兼備了，在實戰時，內心才能把握靜定而無懼。

第二章　命意源頭在腰際

　　腰際，是生命意趣的源頭，腰際就是指「丹田」的周圍，又稱「氣海」，是貯藏儲存「炁」的地方，丹田之氣凝聚飽滿，生命的趣機就會如山頂源頭之水，源源不絕的流注，不會斷絕，生命之活力才可以延綿長久。

　　氣，是所有的動物存活必須的能量，氣是供養人體的微妙物質，氣是人體機能活動之根本，沒有氣，血液的流動循環也不會順暢而有阻礙，沒有氣，所有動物將會面臨死亡，所以氣是生命的源頭。丹田是聚集氣的地方，也是命意的源頭。

　　生命意趣的源頭為什麼會在腰際？際，又稱為「間」，在腰間的範圍，所以，這個腰，是涵蓋了腰間的前後、左右周圍的。那麼，腰間腰際周圍有那些是命意的源頭？

　　腰的左右有兩腎，俗稱「腰子」。腎臟位於腰部兩側後方，形狀好像扁豆子一般，因此又稱為腰子。腎臟有排毒的功能，可以過濾血液中的雜質，維持體液和電解質的平衡，最後產生尿液，經由尿液的排泄而達到排毒的作用，如尿酸、尿毒等等。腎臟有維持體內環境的穩定，如管制鈉、鉀、鈣、磷及酸鹼的穩定及平衡。

　　中醫說，腎藏精，腎精是人體生長、發育和生殖的基本物質，為人體生命之本。腎主骨、生髓，腎的精氣能

生養骨髓。腎主納氣，有聚納氣的作用，如果腎虛腎虧，就會導致呼吸困難或氣喘，稱為「腎不納氣」。

　　精與氣是生命的根本原素，這邊，所謂的「命意源頭在腰際」，其中，丹田是聚集「氣」的地方，兩腎腰子是藏集「精」的所在，這腰際已然涵蓋了生命的源頭中的「氣」與「精」。

　　腎臟腰子育儲精水，需靠氣的溫養，有互相輔成的作用。行功心解云：「牽動往來，氣貼背，斂入脊骨。」牽動往來，就是以丹田之氣牽動肢體往復的運行，使氣貼於背部，這個「背」當然是涵蓋著兩腎腰子的，腎藏精，精受到氣的溫養，又化成氣，這就叫練精化氣，精氣化為凝膠，滲入脊骨，這就稱之為「斂入脊骨」，所以腎的精氣能生養骨髓，而且，精氣收斂入骨後，長期的匯集，形成一種無形的能量，或者稱之為電能，或者稱之為內勁。

　　人體內臟，除了肺部、心臟距離腰部稍遠外，橫膈膜下來就是腎、肝、脾、膽、胰、胃腸等都離腰際不遠，也可以說腰際是大部分臟腑的安置地方，而這些臟腑都是要靠丹田氣的輸運補養，才能生生不息的循環運作，使生命得以延續存活，所以才會說：「命意源頭在腰際。」除此之外，我們修煉太極拳，想要成就這甚深微妙的內勁功夫，也都是要從腰際著眼的，若不如此，就是捨近求遠，捨棄根本而去捕捉旁門左道的「斯技」。

　　拳經說：「主宰於腰，形於手指。」以外表形架而言，太極拳是不動手的，是以腰為主軸去牽動手指的；在拳架中，以腰為主宰才能展現「周身節節貫串」及完整一

氣的綿綿不斷之氣勢。

以內裡氣勁的而言，主宰於腰就是以腰內圍的丹田之氣為主宰，以氣去牽動外形的架勢，所以「主宰於腰」的真正內涵是以腰部的丹田之氣為主宰，去做內外相合連綿貫串的完整一氣的整勁。

所以，從健康養生而言，命意源頭在腰際，你要從腰際入門去找尋生命的源頭，知道源頭的所在，才好著手去修煉，這樣才能得到健康長壽的效果。另一方面，從武功的立場而言，這個腰際也是我們練武的首要地方，太極拳是以練氣求勁的武功，若捨棄了腰際，捨棄了丹田之氣，一切的內勁功體將永遠無法成就，所有的修煉都將唐捐其功，都將成為天馬行空，徒費寶貴的時間而已。

第三章　變轉虛實須留意

變轉，就是變動轉換，留意，就是留心注意。為什麼變動轉換虛實須要特別留心注意呢？

行功心解云：「意氣須換得靈，乃有圓活之趣，所謂變轉虛實也。」太極拳不論體或用，都有虛實之分，而且是宜分清楚的，應虛則虛，該實則實。

從拳架而言，外形的支架及內裡的意、氣、勁的施為運作，都是有虛有實的，不能忽略而過，不可含混而過。這邊，行功心解說的是內裡的意氣必須轉換得很靈活，沒有滯礙，沒有遲鈍，沒有憋呆，這樣整體而言，才

能展現出太極拳的圓融活潑的韻味趣致。那麼，外體的形架招式要不要輕靈圓活呢？當然也是需要的，內外都要相合相契，才算是完整的。肢體的虛實，主要的是兩腳重心的變動轉換，要進步向前或撤步向後，都是要行貓步的，不能貿然前進或後退，不能忽略含混而過，所以在這邊，你要表現步法的輕靈活潑是有條件的，就是你的樁功要穩固，你的實腳須穩如泰山，這樣你的虛腳要邁步才能如貓行，才能如貓般的輕靈。

　　內裡的意氣之虛實變化轉換，更須特別留心注意，如果變轉不當，就會形成憋氣、岔氣、鬱氣現象，對身體有不良的影響。在推手或實戰時，意氣轉換不靈，虛實變化不當，就會露出敗闕，就會變成挨打的局面。

　　虛實到底是要分清楚才好呢？還是變轉得宜才好？太極拳經云「虛實宜分清楚」，有人過分的強調，兩腳的虛實要分得輕輕楚楚，兩腳不可雙重，所以必須全身重量只許放在一隻腳上，如果雙腳同時用力，就是犯了滔天大罪，就是犯了拳論所說的「雙重之病」，真的是這樣嗎？這邊拳經說「虛實宜分清楚」，宜字，表示適宜、適當，或者適分的意思，這個「宜」字是有權巧方便的，因為如此，所以拳經才會有下面的話：「一處有一處虛實，處處總此一虛實。」拳經說，全身內外、前後、上下、左右都有每一處的虛實變化，處處都是有這一個虛實變化的機制，處處都離不開這個虛實變化的範圍。所以，從這邊我們可以理解，虛實的變化轉換，不是侷限於兩腳，而是各處各點都有虛實的變化轉換的。所以，雙重，不是專指

兩腳的，而是身體的支撐力點與被打點，形成滯礙難以變化轉換的局勢，才是真正的雙重。所以，即使你全身重量能放在一隻腳上，但被打點與你支撐全身重量的單腳，構成了化解不開及無法圓順的局面，則已然罹犯了「雙重之病」。

如果「雙重之病」只是侷限於「兩腳同時用力」那麼簡單，則拳論就不會說「雙重之病未悟爾」，就沒有悟不悟的問題，只要把兩腳虛實分清楚，只要全身重量放在一隻腳上，大家就都成為已悟之人。

所以，在打拳架時，是「虛實宜分清楚」的，但是在活用實戰時，這個虛實是要善於變化的，在詭譎的戰技中，如果心中還有「虛實分清楚」的念頭，恐怕早已被打趴在那邊了。

在實戰中，虛實是要隨機而變化的，在分秒必爭的競技中，靠的是聽勁的自然反應，從神經的反射作用中，自然的去變轉虛實，在那個場景，是無法分心去注意兩腳的虛實有沒有分清楚的。

變轉虛實須留意，這句話是有深層意義的，不是單純的指「虛實宜分清楚」，而是要去留心注意虛實變轉的時機，該變則變，該轉則轉，不是一成不變的固守「虛實宜分清楚」的死法，要在定法之中去尋求轉機變化。

「變轉虛實須留意」這句話裡的「須留意」必須留意兩件事情：

第一件是，虛實的變轉是活潑機動的，不是固執於「虛實宜分清楚」的死法，這一點是必須特別留意的，這

是指心法而言，不是指「體」的法。

　　第二件是，於「用」法中，在變轉虛實時必須維持重心的中定平衡，不論虛實如何變化，自身的平衡必定須處於穩固屹立不搖的狀態。

第四章　氣遍身軀不少滯

　　打拳架，行功運氣，要氣遍周身，不能有一丁點的滯礙。

　　俗話說：「氣通則不痛，氣不通則痛。」所以，氣的通行順暢是一切健康的基礎，身體上的病痛大多數是由於氣血滯礙不通而引生，所以，氣在人體中佔有極為重要的地位，氣是促進血液循環的動力，沒有氣，血也將無法順利運行；氣行則血行，氣滯則血瘀，氣血不通，則百病叢生。

　　練氣是太極拳的重要內涵，透過練氣，使氣騰然，而後收斂入骨，匯聚成為內勁的能量。十三勢行功心解云：「行氣如九曲珠，無微不到。」九曲珠的典故，是說孔子周遊列國時，陳靈公有一顆九曲珠，因穿珠絲線磨損，無人能修，請孔子幫忙。孔子遇一採桑女子，教之穿珠之法。

　　九曲珠的「九」是很多之意，九曲就是珠子裡面有很多彎曲的小孔道。孔子想要拿線穿過這顆珠子，但是卻無法完成，採桑女教孔子用蜂蜜塗在線上，利用螞蟻搬蜜

的特性，將細線穿過這顆九曲珠。

所謂的「行氣如九曲珠」就是以氣貫穿滲透整個身體的意思。人體是一個小宇宙，裡面充滿著微細繁雜的神經、血管、筋脈、穴道，就好像九曲珠一般，如果沒有以太極拳的行功運氣法去修煉，氣將得不到順遂的流行，也無法成就太極內勁功夫。

行氣如九曲珠是指行功運氣要面面俱到，如水銀瀉地，無孔不入，無穴不達，氣遍周身，無微不至。

無微不至就是沒有一個地方不能到達，就像九曲珠裡面充滿無數微細彎曲的孔道，只要意到，氣就到，只要意識一作意，丹田之氣一提一放，即能氣遍周身。

太極拳的運氣，如何才能達到氣遍身軀呢？第一個是「意」，第二個是「靜」。

第一：意

太極拳一向主張「用意不用力」，所以「用意」是太極拳的第一要務。一般的硬拳系統練法則是反行其道的，幾乎所有的動作都要用力的，而且要刻意特別的去練力，假借一些器械把肌肉練的孔勇有力，以為這樣就是功夫，然而，在太極拳論裡面，王宗岳老前輩說：「有力打無力，手慢讓手快，此皆先天自然之能，非關學力而有為也。」老前輩說有力打無力，手慢讓手快都是先天自然的事，這與「努力的勤練太極拳而有所成就，是沒有關係的」，學練太極，必須苦其心志，戮力不懈，十年而有成。豈是那些練拙力者所可比擬。

力量，是天生而賦有的，但這力量會隨著年齡的老

化而漸減消失；太極拳的內勁功體成就以後，是可以保任而不退失的，所以練太極拳而有成就者，即使年紀已到七、八十歲，還是能「禦眾之形」，還是能夠抵禦眾多的彪形大漢，這絕不是有了天生的力量就能致之的。

用意，就是用意識去思維、冥想。氣，是靠著意念去導引、牽動的，透過太極拳的訓練，氣就能隨著意念而遊走，終而能「氣遍身軀」，沒有滯礙，終而能「行氣如九曲珠」，無微不至。

第二：靜

太極拳既要練身也要練心，要性命雙修。太極拳是形體運動，也是意氣運動，只有形而沒有意，是空架子，是沒有靈魂的機器人。然而，外形與內意啟動的條件是個「靜」字。心若不清靜，則意不能到位，心煩則意亂，意亂則氣逆。

在身心俱鬆而靜的狀態下，氣場就會熱騰起來，不動也能滿身大汗，譬如靜坐，若能身心靜定，身體就會熱起來，就會有氣動的感覺。

人的心如猿猴，意如馬，總是浮動沒有安歇，即使在睡覺中，腦海也是直在翻轉的，譬如做夢，就是腦筋的翻騰，意識的駕臨。凡夫平常人，睡中都是有夢的，這都是「日有所思」的關係，每天都是打著妄想的，今晚要去逛街，明天要去爬山，後天要去吃海產，下週要去唱卡拉 OK，下個月要去國外旅遊，心哪裡安靜得下來。人的慾望太多，想靜也靜不了，所以，修煉太極拳，是要修心的，是要養性的，是要少慾的。

心靜了，才能真正的用意，真正的用到了意，氣才能隨行，才能被導引，才能被牽動，行功心解云：「牽動往來，氣貼背，斂入脊骨。」透過意念的牽引及形架的動轉，在往復摺疊中增強氣感，終而氣貼背，斂入脊骨，成就內勁。行功心解又云：「先在心，後在身，腹鬆，氣斂入骨。」腹鬆，是指心身俱鬆，心身俱鬆以後，氣斂入骨，內勁成就。

意、靜，是「氣遍身軀不少滯」的必備條件。

第五章　靜中觸動動猶靜

靜，是靜謐，靜止不動；動，是活動、動蕩。靜有體靜及心靜，身心俱靜是為真靜。動有體動及氣動，打太極拳除了體動，還要氣動，這樣，打拳才會有身體健康的大效，才會有內勁功體的養成。

太極拳是動靜相兼的運動，在體動之中，內心是安靜的，在寂靜之中，氣是流行而動蕩的。

動與靜是矛盾而對立的，但又是統一而相融的，靜中有動，動中有靜，既互相對立，又互相包容。

為什麼靜中會觸動呢？人在心靜體靜，內心真正寂靜時，是會自然產生氣動的，不必刻意去行運導引，氣就會動起來，這就叫做「靜中觸動」，這個觸動是會產生電能的，就好像電一樣，它的陰陽兩極通常狀態是靜的，但當陰極與陽極互碰的剎那就會產生火花，產生電能。

　　動猶靜，是說在體動氣動的情況下，內心還是寂靜的，不會因為體動氣動的關係，而使心境跟著動搖起來。能在動中而有靜定的功夫，才是真正的靜。

　　拳論云：「太極者，無極而生，動靜之機，陰陽之母也。動之則分，靜之則合。」這邊，拳論指出了太極拳的特點和練功方法，就是動中求靜，靜中求動，動靜相兼，陰陽互合。

　　動之則分，是說體動的時候，有陰陽之分際，有虛實之分際，有剛柔之分際；氣動的時候，氣會分布分散到全身。

　　靜之則合，是說身形安靜的時候，形體就能整合；內心靜寂的時候，氣也會歸聚合於丹田，沉守於丹田。

　　太極拳練到真正的靜，丹田的氣，全身的氣，都會熱騰起來，動盪起來，所以靜極是能生動的，動極而復歸於靜，動靜互相轉化，互相聯繫，這動靜的轉化，就謂之「動靜之機」。動靜之機就是「陰陽之母」。陰陽之母就是「太極」。

　　說個題外話，我的前輩張師伯，很早以前在某市政府服務，當時的辦公室玻璃門窗是木頭做的，地板也是木板鋪的，張師伯每當辦完公事，就會安靜的閉目養神，斂氣於丹田，在靜極之時，突然產生氣動，把玻璃門窗震的霹靂啪啦價響，好像發生地震一般，這是靜中觸動。

　　在站樁的過程中，如果心境靜極，一心不亂，也會有氣動的現象發生。有些人練站樁，為了表現氣動，刻意的讓身體動個不停，好像乩童起乩，那是裝模作樣，唬弄

不識者，不值一顧。

 第六章　因敵變化示神奇

這一句，是指實戰對打的時候，要因應敵人的變化，而展示太極拳微妙神奇的聽勁懂勁功夫。

變化，是指虛實的變動轉化。虛實要善於變化才能示現出太極的神巧奧妙。若是以有力勝無力，以大欺小的先天自然之能，則不能謂之「神奇」。

虛實的變化，貴在神奇，貴在「拳打不知」。如果，虛實的變化被固執於「分清楚」而不知「一處有一處之虛實」，不知處處都有虛實，這樣就沒有神奇可言，如果虛實只侷限於兩腳的變化，而沒有身法與手法的變化，那麼，太極拳將會被貶低化，沒有神奇兩個字好說。拳經說：「處處總此一虛實。」已然說明虛實是遍佈於全身的，全身各處都是處在這個虛實的變化範圍，不是「全身重量只落在一隻腳上」，才謂之「虛實分清」，才謂之沒有「雙重之病」。處處，是每一處、每一點、每一面，「處處總此一虛實」是說全身的每一處、每一點、每一面，都要涵括著虛實變化的機制，不要把它侷限於「兩腳」這一處。

太極拳的「示神奇」，不侷限於有形肢體的虛實變化，而是展現於無形而靈敏的聽勁及懂勁的自然反射功夫。聽勁靈敏了，進而懂勁，終而階及神明，即能達於

「人不知我，我獨知人」的英雄所向無敵之境地，這才是真正的「示神奇」。

實戰就是作戰，作戰離不開兵法，拳法就是兵法；兵法貴在虛實神變，《三國誌》說：「用兵之道，攻心為上，攻城為下；心戰為上，兵戰為下。」武術的實戰應用，也是以攻心為上，心戰為上，不是拼死拼活的；殺敵一萬自損八千，不是善戰者，兵法云：「百戰百勝，非善之善者也；不戰而屈人之兵，善之善者也。」能不戰而屈人之兵，才是善戰者，才是有謀略之人。

在《三國演義》裡，孔明的空城計是家喻戶曉的故事，司馬懿的十五萬大軍，朝西城蜂擁而來，孔明禦守的城中，只剩二千五百名士兵，無法與魏軍抗衡。孔明卻大開城門，於城上焚香彈琴，司馬懿疑而退之，語其子曰：「亮平生謹慎，不曾弄險。今大開城門，必有埋伏。我兵若進，中其計也。」這是有名的空城計。

還有，趙子龍遭大批曹軍突擊而退回營區，趙子龍的部將準備關閉營門，但是，趙子龍反其道而行，大開營門，偃旗息鼓，曹軍疑內有伏兵，急忙退去。後來劉備來到趙子龍營寨檢視戰場，讚嘆的說：「子龍一身是膽也。」，沒錯，只有一身是膽的人才敢弄險，也只有智謀過人，才能得到勝利。

在太極拳的實戰中，也可以唱空城計的，也可以大開城門引君入甕的，也可以挖個坑洞讓你掉進來的，但這得有膽識，有自信，要像趙子龍一樣，一身是膽。而這一身是膽，是有前提要件的，你的功體要成就，你要能有

「接勁」的功夫，讓敵人的勁道進不到己身，傷不了你，這樣，你才敢去弄險，你才有弄險的本錢，有了這個本錢，你才敢放膽的去營建謀略，你才敢唱空城計，令敵人送進來讓你打。

到了懂勁而階及神明的境界，可以感知敵人的心向動靜，可以知道他心裡在想什麼，會施用什麼拳法，在他的拳將出未到之際，截勁而入，後發先到，這是知己知彼的功夫，這也是「示神奇」的功夫。

不發一兵一卒，不戰而屈人之兵，才是真正的「示神奇」。當功體成就，內勁圓滿，體用兼備時，就具備了「膽識」，有了內在的膽識，外表的「氣勢」也就不呈而現，自然會有無畏無懼的氣勢展現出來，這種一身是膽的氣勢可以令敵喪膽，不敢求戰，這就是不戰而屈人，這才是善戰者，才是真正的「示神奇」。

第七章　勢勢存心揆用意

勢勢，是指太極拳的「十三總勢」，及十三總勢所延伸變化出來的所有招勢。勢勢存心，是說打太極拳，每一招每一勢都要把心思存放在拳意裡頭，心思不可像猿猴一樣往外放馳，不要有任何雜念妄想存在。簡單的說，就是打拳要專心一意，心念要統一專注起來，不可分心。

那麼，勢勢存心，到底要存著甚麼樣的心呢？除了每個招勢的打法、用法之外，還要存放著哪些心思呢？

打拳是涵蓋全身內外的，除了身形的協調貫串之外，還有內裡丹田氣的行運鼓盪，身形講求圓柔鬆淨，內氣要沉著收斂。練太極拳有兩個目標，一是延年益壽，二是防身技擊。

第一個目標，透過以心行氣、以氣運身的修煉，而令「氣遍身軀不少滯」，即可達到益壽延年的目的。

第二個目標，也是經由行功運氣的機制，令氣騰然，而收斂入骨，匯聚內勁，成就技擊功夫。

太極拳是一種武術，含括體與用的內涵，及防守與攻擊的戰鬥藝術。所以，「勢勢存心」它所涵蓋的範圍是很廣泛的，不只是招勢的外形比劃而已。「勢勢」它總括了拳經、拳論、行功心解等等重要經典及歌訣的心法內涵，是說之不盡的。然而，如果把它濃縮概括起來，不外乎樁功、掤勁及丹田氣等三個部分的修煉養成，這三部曲，如果成就了，那麼，你就能擁有健康長壽及防衛技擊的雙重效益。

樁功是由站樁而成就，站樁除了氣的沉斂湧泉而生根入地之外，在站樁時雙手的捧提已然涵蓋了掤勁的修煉，而且在站樁時，主要內涵是丹田氣的鬆沉、聚集、與鼓盪行運，丹田氣的養成及運勁之法均已涵攝其中，所以樁功是太極拳及所有內家拳必修的課目，樁法也是一切內家武術的基礎，捨此而欲成就太極拳或其他內家拳，即成煮沙成飯，水中撈月，不可能也。

揆，是度量、衡量、思量之意。「揆用意」是說打太極拳要以意念為導航，以意領氣，以意為先；每一個招

勢都要以意念去審度思量，不可隨便比劃比劃，忽略而過。

太極拳是用意不用力的拳法，這是眾所周知的。意，就是我們的思維活動，意念，就是心中起了一個念頭，透過思維想像，預構揣摩著如何去行動。意念是由心所造，我們常說「起心動念」，心起動了，意念就會連動起來。以心行氣，以意導氣，練氣就是練心、練意，所以，打太極拳要「勢勢存心」，心要正，意要純，要正心誠意，練拳才能得益，才能延年益壽，呷百二。

本章所說的「勢勢存心揆用意」，意思是說在每一個招勢裡，都要存心用意的去揣測它的功用，都要專心一意的去思維它的用途，都要專注集中的去衡量它的用法，要因勢利導，要因勢制宜，要知所變化，它也涵蓋著「變轉虛實須留意」之弦外之意。

第八章　得來不覺費工夫

「得來不覺費工夫」，也有人抄錄為「得來全不費工夫」。

「得來全不費工夫」，這句話的典故出至夏元鼎的詩：「崆峒訪道至湘湖，萬卷詩書看轉愚；踏破鐵鞋無覓處，得來全不費工夫。」

夏元鼎為了求道，從甘肅崆峒山走到杭州的西湖，卻未得到他所要的「道」，他的詩裡說，讀了萬卷的書卻不能悟道，自認自己越來越愚癡了。後來他做了一個夢，

遇到真人指示，醒後就開悟了，所以他的詩後段說「踏破鐵鞋無覓處，得來全不費工夫。」

　　有時候修行求道，怎麼努力精進都沒用，你踏破鐵鞋，四處尋訪，而那個緣還沒到，你就是悟不了。這時候，千萬不能洩氣，不能退惰，還要更加用功，等那麼一天，你的福德、定力、智慧具足，福報圓滿，不期而緣到，水到渠成，自然開悟。所以，這個開悟，是在持續不斷的努力之後，不期而遇的，也就是自己的功德將屆圓滿，那臨門的一腳，自有人助天助。

　　這就是踏破鐵鞋無覓處，得來全不費工夫，沒有什捷徑和祕訣，靠的就是自己的堅持、努力不懈。

　　我們練太極拳也是一樣，一定要老實的練，認真的練，不可「一天打魚，三天曬網」，能夠持之以恆，才有開悟的一天。拳論云：「由著熟而漸悟懂勁，由懂勁而階及神明，然非用力之久，不能豁然貫通焉。」是的，你得「用」功努「力」很「久」，才能豁然貫通的。豁然貫通，就是突然間就開悟了，所有的拳經、拳論、行功心解等等，你一下子都懂了，都貫通了，從漸悟懂勁而階及神明了。太極拳是由漸悟而頓悟的，你得「用力之久」，才能「豁然貫通」，不是平白的忽然間你就能通的。如果練拳懶懶散散的，有一搭沒一搭的，莫說十年太極不出門，到了驢年，到了貓年，還是出不了門的。

　　「得來全不費工夫」，有人把它說為「得來不覺費工夫」，意思好像一樣，其實是有些差異的，個人認為「得來不覺費工夫」是比較貼切的。因為「得來全不費工

夫」從字義看，是從來沒有花費心思及時間去努力用功就平白的得到了，也就是不勞而獲的意思，這會把人帶入不積極進取的反向思維領域，沒有加分效果。

「得來不覺費工夫」，是平常就下了工夫努力的練拳，日夜匪懈的持續用功，終於因為「用力之久」而「豁然貫通」，這時候的忽然開悟，並不會在開悟的那個時間點感到特別的辛苦，因為辛勞的時間都分配分散在平常的日子裡了，這功夫的累成，是一種零存整付性質，所以在感受上就覺得「得來不覺費工夫」，不會特別辛苦，而實際上是平時已經下了很多的工夫了，已經苦練很久了。

功夫是日進一紙，不覺其多，等十年八年過去了，在老實練拳中，無形的累積了功體，一點一滴的積蓄，終於功德圓滿，成就內勁，體用兼備，功夫底成。到這個時節，平日流下的汗水，如今卻甘之如飴，平常下了那麼多的時間，費了那麼多的工夫，卻有「得來不覺費工夫」的輕鬆之感。

得來不覺費工夫，是接續上句的勢勢存心揆用意而說的，這個「勢勢」涵蓋了拳架的招勢，以及推、散手中的力勢，你勢勢都能存心用意去度量、衡量、思量，你對拳架中「體」的勢法及推、散手中的勢法，都能用心的忖度、尋伺，這樣就能得機得勢，就能所向無敵，得來全不費工夫。也就是說，唯有平時的用功努力，平時練拳都能勢勢存心揆用意，自然到時「水到渠成」，功夫成片，信手拈來就能用，在能運用裕如的情況下，自己的感覺是「不覺費工夫」的。

第九章　刻刻留心在腰間

刻刻，是指時時刻刻，分分秒秒，剎那剎那，要把心思意念留守在腰部周圍。

腰間，是指丹田之處，「刻刻留心在腰間」到底要留心什麼事呢？要把「炁」專注用心的留守在腰間的丹田，也就是「意守丹田」之意，因為有了意守，氣才能沉斂匯集。丹田之氣乃是生命源頭的所在，只要能將「氣」用心、留意的守在丹田處，這個丹田之氣就不會潰漫，不會往外奔馳，不會流失，就會沉聚在丹田氣海之中。

太極十三勢歌開頭即點出「命意源頭在腰際」，已然明顯的說明，腰際丹田之氣的重要，因為腰際丹田就是生命的源頭，想要把握住這生命的源頭，就得「刻刻留心在腰間」，而且要「氣遍身軀不少滯」，透過以心行氣、以氣運身的太極心法之修煉，使這個氣能通透全身而不滯礙。那麼，要如何才能「氣遍身軀不少滯」呢？只有「勢勢存心揆用意」，在練拳架時，每一招每一勢，都要存心用意的認真施練，你的「意」要安守在丹田裡，要去思量、忖度丹田氣流行運走。

道家說：「道者，不可須臾離矣。」又說：「行住坐臥，不離這箇。」這都是在指丹田之氣的守護之意，所以修煉太極拳要「刻刻留心在腰間」。

有了丹田之氣為主宰，樁功才能成就，樁功成就，

才會打暗樁，才有二爭力的暗勁產生，下盤之根有二爭力的暗勁產生，才能驅動外腰的靈活，才會有抖勁功體，在發勁時，才能疾速的，才能迅雷不及掩耳的，才能說時遲那時快的意到氣到勁到，才能「後發先到」的完整一氣的引生驚心動魄的爆發力。

為何要「刻刻留心在腰間」，因為腰圍的肌群壯碩厚實，而且腰脊轉動速度快，高手發勁只見腰身一閃一動，勁已放出。發勁時要下腰、束身、裏勁，丹田之氣要鼓盪起來，打樁入地，勁就打出去了。

所以，這個「刻刻留心在腰間」是涵蓋腰部內外的，是內外都要兼顧留心的。

第十章　腹內鬆淨氣騰然

太極拳是講究鬆的，而且要鬆淨，不著一絲一毫的拙力，不僅肌肉、筋骨、神經要鬆淨，腹內的丹田之氣更要鬆淨。

氣騰然，是成就內勁的必要條件，體內的氣，透過太極拳的種種特殊的修煉方法，譬如：「氣沉丹田」、「氣宜鼓盪」、「以心行氣，務令沉著」、「行氣如九曲珠」、「運勁如百煉鋼」、「牽動往來氣貼背，斂入脊骨」、「往復摺疊」、「運勁如抽絲」等等，這些等等的修煉，都能令丹田的氣騰然起來，氣騰然之後，變成一種凝膠狀的物質能量，滲入筋脈骨頭裡面，這就是內勁能量

的存儲。

　　前面所說的種種等等的修煉機制，都能令氣騰然，但是都離不開一個要件，就是「腹內鬆淨」。丹田氣的運行，有鼓盪、牽動、摺疊等等，在行運過程中，是不能有絲毫刻意造作的，如果用到拙力，勉強而為，就等於患了不鬆之病；有些人打太極拳，為了表現氣的鼓盪、摺疊、牽動，而患了「在氣則滯」的毛病，這樣不僅腹內之氣不能鬆淨，不能使「氣騰然」，而且會造成「氣滯」的現象。

　　腹內的氣，如何才能鬆淨呢？除了肢體的鬆淨，內心更要鬆淨，行功心解云：「先在心，後在身，腹鬆，氣斂入骨。」從這裡我們可以理解，「心」是比「身」更重要的，所以說「先在心」，心鬆淨了，身才能鬆淨。

　　心，要如何才能鬆淨？心要「清淨」才能鬆淨，所謂「清淨」就是清心寡慾，少慾無求，人的慾望如果太多，心地就永遠不得安寧，永遠靜不下來，一顆心總是想東想西的，若是某個慾望無法得逞，煩惱就層出不窮，永遠不能心平氣和。

　　心平氣才能和，心浮則氣躁；氣躁、氣浮、氣亂、氣不平，對身為都是有害的，對於太極拳的修煉也是無益的。氣躁、氣浮、氣亂，都無法令氣平和、沉斂，無法成就太極內勁功夫。

　　心平了，氣和了，腹內的氣也鬆淨了，氣就會騰然起來，這是靜極而生動，這就是靜中觸動。人在極安靜的時候，體內的氣，自然會熱騰起來，這是不爭之事實，只

是真正能夠靜下來的人，並不多見，所以能成就太極功夫的人，也是極其有限的。

第十一章　尾閭中正神貫頂

尾閭，就是脊椎骨的尾端，俗稱尾椎。尾閭中正，就是將脊椎尾端的尾椎向前微收，使整隻脊椎骨端正起來，以利於氣血的通行。練太極拳，要達到氣通三關要先通過尾閭關，打太極拳要腰脊中正，尾閭一收，即可使脊椎端正，令氣的運行無礙。我們體內氣的運行，要經過尾閭、夾脊、玉枕這三關，督脈通了，氣往下沉，沿著任脈沉入丹田。太極拳本身就是一種氣功，如果修學有成，是可以自然打通任、督二脈的。

尾，是脊椎骨下端末梢；閭字，它的原意是指里巷的大門，群眾聚居的地方叫閭里。尾閭，乃是人體之氣運行的關口，故稱尾閭關。

尾閭中正，乃是把處於自然狀態下的尾椎，在落胯溜臀的狀況下，使尾椎骨向前微收，令整個腰脊中正直立起來，而達到氣通百會下沉丹田，完成周天氣的循環。

尾閭腰脊的中正，對於太極拳的運動，能起到整體的穩定平衡作用。因為尾閭的中正而豎直腰脊，氣血由是得到暢通流行。

大家都知道，氣血是維持生命的基本物質，具有推動腑臟的功能，氣與精有互相化生作用，氣能化精，精能

生氣；氣可以推動血液的運行，也可以化生血液，血液也可以載氣而行，貫通周身，血液熱騰可以化生為氣，所以精、氣、血都有互相化生作用。精、氣、血都是「神」的基本物質，精、氣、血充足，五臟六腑及各項機能就能得到正常的運行與補給，使身體得到健康。

　　神，是生命意識活動的展現，是與精、氣、血不可分離的，神是不能離開形體的，而形體的內涵不外於精、氣、血，如果精、氣、血衰竭，那麼表現於外的神就是晦暗、倦怠、呆滯、萎靡的。所以，因為尾閭中正，使氣血暢行而致騰然，終而氣由尾閭上行而貫於頭頂，氣行則神隨，故曰「尾閭中正神貫頂」。神氣貫於頂上可促進腦髓液的循環，使頭腦清新，精神愉悅。

第十二章　滿身輕利頂頭懸

　　這一句是倒裝語，也就是說能做到頂頭懸才能滿身輕利。輕利，是輕鬆俐落、輕靈便利之意，要達到輕鬆俐落、輕靈便利，要從頂頭懸做起。

　　頂頭懸，就是將頭頂懸立起來，使頸項豎直，便利氣血的流通。頂頭懸其實就是虛領頂勁或虛靈頂頸之意，也就是將下巴微微內收，使得頸部及後腦勺直立起來。

　　頂頭懸的頂，就是頭頂最高之處，「百會穴」居於此，「百會」是百脈朝會之穴所，頭是人體最重要的部位，是全身之綱領，百會之下，印堂之後是藏神的地方，

也是腦組織的所在地，是人類感覺器官的集中處，頂頭懸則氣血暢通，四肢百骸百脈才能運行順利。

「頂頭懸」，並不是用力去頂，不是將頭頸部強硬的頂抗起來，相反的是要放鬆、舒展的將頭虛懸著，是用神意去虛懸，要將精神提領起來，行功心解云：「精神能提得起，則無遲重之虞，所謂頂頭懸也。」頭頂虛懸拔直了，頭腦四周的神經、氣血就能靈活的運轉循環，就不會有遲鈍滯重的毛病，沒有「遲重之虞」，才能達到「滿身輕利」的境地。

有關「虛領頂勁」，在本書第二篇第九章第一節已有論述，不再贅言。「頂頭懸」在拙作《太極拳行功心解詳解》一書的第三章第三節也有論述，請讀者參考，不再重複敘說。

 第十三章　仔細留心向推求

「推求」，就是推究、探索、尋思之意，也就是要詳實細密、留意用心的去推究、探索、尋思。那麼，到底要去推究什麼？探索什麼？尋思什麼呢？

太極拳十三勢歌，開頭首句就明言「十三總勢莫輕視」，所有太極拳的道理，所有的內涵都在這十三總勢裏頭，練太極拳如果沒有深入的去推求十三總勢的意涵，那麼終究只是練到皮毛而已，這樣的話，想要得到「益壽延年不老春」的大效，是推求不得的。

　　要仔細留心推求的還有這十三勢歌的「百四十」字的每一句，也就是說這「百四十」字的每一句話，都得詳切細密用盡心去思維、去探索、去推敲，從實踐中去印證它的道理，包括：命意的源頭為何在腰際、如何去變轉虛實、如何氣遍周身、如何在靜中觸動、如何應敵、如何才能腹內鬆淨、如何才能氣騰然、如何才能神貫頂通三關、如何才能達到滿身輕利等等，這些都是修煉太極拳必須去推求的。

　　仔細留心「向」推求，作者以「向」為遣詞用字，有他的深意，這邊的「向」字雖然作為動詞解釋，有去向、趨向之意，而他的深意是直指「正確的方向」言說的，也就是敦促後輩學者，在修學太極拳時要仔細留心的循著正確的方向去思維、探索、推究，若是走錯方向，錯悟拳理，將會離太極越來越遠。

　　太極拳是智者之拳，非有夙慧不能悟也，這個「夙慧」是從練中而得，是從實踐中而得，但是在練中，在實踐中你必須仔細留心的去推求，運用心思去探索去尋伺，正確的體悟十三總勢的深層密意。

　　練太極拳想要有所成就，你必須去探索、思維「拳經」、「拳論」、「行功心解」等等經典及歌訣的真實義，或許你初練之時，不曉得這些經典這些歌訣在講些什麼，但是，只要能夠仔細留心的去推求，去實踐，去老實練拳，終有一天會柳暗花明，終有一天會苦盡甘來，終有一天會成就太極的甚深功夫。

第十四章　屈伸開合聽自由

　　屈伸開合，涵蓋了太極拳的「外形」與「內氣」，也涵蓋著「體」與「用」。

　　屈伸開合是太極拳最基本的內涵，太極拳的形架，所有動作、招式都離不開屈伸與開合；太極拳的用，將對手放出時，就是開，就是伸，就是發勁；在發勁之前的蓄勁，就是合，就是屈。

　　屈伸是所有的運動所必具的形勢，行走、跳躍必須有腳的屈伸，投擲、揮灑必須有手的屈伸，扭腰擺臀必須有腰胯的屈伸，有屈伸才有動能、動態的示現。太極拳形架的屈伸，除了軀體的擺動，還有內氣的鼓盪牽引，內外兼備，有柔有剛，有虛有實，有靜有動，有含蓄有飄逸，構築了一幅多采多姿的武動靈氣畫面。

　　屈伸涵蘊著太極特有的運氣與運勁內質，太極的屈伸與一般運動迥異，它不只是肢體的舞動，而是含括了氣勁的鼓盪流行，是一種可以展現生命靈魂的武術藝術。而且，太極的屈伸，隱藏著武技的攻防戰鬥內涵，在屈伸當中含蘊了蓄勁與發勁的實戰質量，太極的屈伸，不是虛有其表的體操運動，而是透過氣勁的運行，而真正的達到「益壽延年不老春」的目標。

　　屈伸就是摺疊，透過摺疊而使屈伸動作，更具有氣勁的能量，與彈簧勁的培養。行功心解云「往復須有摺

疊」，有往復就有屈伸，有屈伸必有摺疊。摺疊就是在往復屈伸當中，藉由內在氣勁的衝折，而產生的一股內在的反彈阻力所引生的勁道，也就是說透過摺疊，去擠壓內裡的氣與勁，氣勁受到擠壓而產生的爆破力，也因為藉由摺疊的擠壓作用，使氣勁更為結集、束整、凝聚，在發勁時更紮實而脆利。

所以，屈伸不只是肢體的往復伸縮而已，如果沒有內在的氣勁的運為，都只是天馬行空的表面功夫，是沒有太極內涵的。

開合，顧名思義就是分開與和合。手腳向外伸展謂之開，向內收藏謂之合，道理聽起來好像很簡單，而實際上，太極拳的開合，是指內裡的氣勁而言的，這個開合是有質量的，不是手腳的分開與和合而已。

合，就是將氣勁合住起來，整束起來，滙集起來，使它凝聚而不分散，也就是蓄勁的意思；開，是開拓、開放，也就是放射、發勁之意。行功心解云：「蓄勁如開弓，發勁如放箭。」又說：「曲中求直，蓄而後發。」這裡面已然涵蓋了屈伸與開合。

屈伸開合聽自由，這個「聽」字是隨順、裕如之意，是聽任、服從的意思，也就是任從方便、隨順己意、隨心所欲之意。

全句的意思是說，當太極拳修煉到一個層次水準之時，無論是屈伸或開合，內外都能連結貫串，蓄發、攻防，都能應用自如，從心所欲，自由發揮，心想事成。

如果沒有「仔細留心向推求」，沒有留心注意向正

確的方向去思維，而把「屈伸開合聽自由」誤解為「聽由自己的任性，去支使外形的屈伸開合」，也就是說，己意的屈伸開合，純粹是自己的臆度，自己的隨性，偏離了拳理的法則，以自意為是，這樣的「聽自由」顯然已經悖離了拳理，落入了任性、任意的範疇，也違反了「自由」的真義。

第十五章　入門引路須口授

　　要進入太極之門，需有老師的指引，否則茫茫大海，沒有正確的方向，永遠沒有辦法到達彼岸。老師的指引，必須「口傳身授」，不是放放錄影帶給你看，或是丟一本武功祕笈給你，就可以成辦的，也不是老師在前面打，你在後面跟著比劃比劃就可以成就的。

　　太極拳沒有無師自通，不能靠一片光碟錄影帶而想學成太極拳，不能靠一本書去按圖索驥而想學會太極拳。筆者十幾歲時，對武術就很有興趣，當時還沒有光碟錄影帶之類的，武術的書我是買了一堆，想從書本的圖片文字去模擬，結果一事無成。現在看到奇摩知識家武術版，那些提問者，總是問一些光怪陸離的武術問題，令人啼笑皆非，有很多的感慨。

　　不論任何武術，任何拳術，你要入門，一定要有明師的指引，太極拳更是如此，而且要長期的跟隨著老師。太極拳不是一蹴可幾的，也不是三兩年而可成就的，有道

是「十年太極不出門」，你沒有跟對老師，沒有老實認真的苦練，想成就太極拳，是很難的。有一個拳友，提著二十萬新台幣去大陸尋師，沒多久，二十萬新台幣就灑完了，回台後稱說他學了很多功夫。

功夫不是靠錢去買，你花再多的錢也買不到，因為功夫要靠時間去累積，不是短期可就的，所以花再多的錢也沒用，而是你要有緣遇到一個好師，遇到一個明師，然後認真老實的去練，始克有成。

學太極拳需要老師的口傳身授，口傳什麼呢？太極的拳經、拳論、行功心解、十三勢歌訣等等，都是必須口傳的，還有老師自己的所悟，自己學拳的心歷路程、心得，都必須毫無保留的口傳下來。身授，是一招一式，每個環節，手法、身法、步法、用法，鉅細靡遺。身授之外，還有心授，要傳授心法，心法不只是用口頭講，還有神傳，心心相感，靈犀相通，說來話就長了。

第十六章　功夫無息法自修

無息，就是持續不懈，堅強不移。功夫無息，是說學太極拳這門深奧的武術，學太極拳這種微妙的功夫，必得有「君子自強不息」的韌性與耐心，要依靠自己的力量努力向上，要發憤圖強，奮鬥不息。

法，是方法，包括手法、身法、步法、用法等等，另一種是心法，也就是老師的口傳心授。太極拳的法，除

211

了老師的口頭講解及親身的操演示範，另外就是以心傳心，這個心法，就是老師的自身練拳心得，也就是老師自己的創見。

所謂「創見」並不是自己去畫蛇添足的創造一個新的拳種套路，去展示自己的虛榮，也不是標新立異，特立獨行的去標榜自己胡思亂想的異論歧見。這個創見要須是習拳多年的自身發明與體悟。

太極拳所有的法，都不能跳脫拳經、拳論、行功心解及前輩祖師所留下來的歌訣，若是悖離了這些法，而謂之自己的創見發明，那就是癡人說夢，就是胡語妄說。

老師將法傳給你，以後就是靠你自己去自修。以前的人學武術，很多都是與老師同住一起的，身教言教，師生情深，如今時代不同，師生在一起的時間不多，所以靠的是自己練。

練拳其實是靠自己的，老師只是將「法」傳給你，你知道了那個法後，就得「法自修」，自己磨練，自己努力，若是得依靠老師一直跟在身邊，你才能練功夫，將會是一事無成的。

很多學生跟老師練拳，都要一起練的，老師停歇了他也停擺了，這是不對的，當老師講解一個法，或示範一個招式，或發勁用法之後，作學生的就應該不停的練，去模仿，去默識揣摩，老師沒叫你停，沒叫你休息，你是不能休息，不能停歇的，在你不停的練的時候，老師會看你練的對不對，會做一些修正及解說，以這樣的心態練拳才是正確的。

　　還有，除了上課的時間練拳之外，課餘時間，要自己訂一個練拳的時間表，每天都要按時而練，自勵自惕；如果只有上課的時間才練練，沒有「功夫無息法自修」的話，想要成就太極甚深功夫，猶如煮沙成飯，不可能也。

第十七章　若言體用何爲準

　　「體」，是指功體。功體大略而言可分為四個部分：

一、椿　功

　　透過站椿或拳架或基本功的練習，而穩固下盤；椿功不只是拳架的基礎，也是發勁所必備的條件，發勁必須透過丹田氣的凝聚與打椿，才能發出整勁，椿功也是步法的穩固與變化虛實的根本。

二、手的掤勁

　　將手臂輕輕鬆柔的提起，以意領氣灌注於雙手，日久而成就手的掤勁；掤勁也是發勁所必備的條件之一，它能發勁也能接勁，化打兼備。

三、氣勁的聚斂

　　透過以心行氣，以氣運身，而令氣沉著，成就內勁，潛藏於骨，是功體的主要能源。

四、腰的彈抖

　　這是經由椿功的成就，兩腳的二爭力暗勁的撐持，連帶貫串到腰胯的擰轉，使腰的彈抖靈活而快捷，而能在實戰時引動手的閃電疾速。

「用」，是指推手及實戰搏鬥，太極拳的「用」是運用沾連黏隨的聽勁技巧，及太極八法的靈活運作，而達到技擊的效果。

太極拳雖以養生健康長壽為目標，然而即稱「太極拳」就必然有它的技擊效果及戰鬥藝術，練太極拳不是以打架搏鬥為目標，但它是具有技擊藝術的，可以把它視為藝術看待。

太極拳的練習順序，是先練功體，成就內勁，兼練用法，完成聽勁及懂勁的技擊功夫，這才是全方位的「太極拳」。若只會打打拳架，養生健康的，只能稱為「太極操」或「太極氣功」，不能稱之為「太極拳」，因為太極拳必須涵蓋技擊武功藝術成分在內，只有練出內勁功體及懂勁的功夫，始能稱之為「太極拳」。

「若言體用何為準」是說如果要論說太極拳的體與用，應該以甚麼標準來看待認定呢？這是原作者的一種自問自答的寫作方式，下一章則是作者的自答論述。

第十八章　意氣君來骨肉臣

君是君王，臣是臣子，君王為上，臣子為下。在太極拳之中，內裡的意與氣是君王，外形骨肉支架是臣子。君王與臣子的權位高低，是天差地別的，修煉太極拳，意氣與骨肉孰重孰輕，應知所判別，若是捨重而就輕，搞錯方向，向拙力的方向去追求，那麼，離太極拳就會越來越遠。

太極拳經云：「凡此皆是意，不在外面」、「如意要向上，即寓下意，若將物掀起，而加以挫之之意。」行功心解說「意氣須換得靈」、「全身意在精神」可見太極拳是要用意的，而不是靠著拙力使拳的。

太極拳講到氣的地方更多，譬如；拳經說「氣宜鼓盪」、「總須完整一氣」，拳論說「氣沉丹田」，行功心解說「以心行氣」、「以氣運身」、「行氣如九曲珠」、「氣以直養而無害」、「氣為旗」、「氣斂入骨」、「氣貼背」、「氣若車輪」等等。

所以，「意氣」是太極拳的君王，「骨肉」是太極中的臣子，練太極拳要抓住根本，不可本末倒置，不可捨本逐末。有人練太極是以拙力而練，還要去練舉重、打沙包之類的，或者要去練撞胳膊之類的，總之，是要把手臂練成鋼鐵一般硬，這是外家子的練法，不是太極本宗，這些都是太極的門外漢，悖離太極遠矣。

現在的推手，大部分傾向鬥牛式，他們不知練氣，而是專搞些土法煉鋼把式，譬如練腿力、腰力，練一些讓人「推不倒」的玩意，誤以為這就是太極推手。

真正的太極推手是一種「聽勁」功夫，「聽勁」顧名思義，就是探察對方的「勁路」，即是「勁路」當然就必須有「內勁」的功夫，而內勁必須是內氣的養成累積才能成就的，也就是說推手的二方，都須成就了太極的「內勁」功夫，雙方練習去探索對手的「勁路」，而去做攻防，去做走化防守與發勁攻擊的作略，這樣才是真正的太極推手，捨此，都是鬼畫符，都是班門斧弄，都是關公門

前武大刀之屬。

　　修煉太極拳，如果沒有透過意與氣的引領，是無法斂氣入骨的，是無法成就內勁功夫的，沒有內勁做為內涵的太極拳，都是天馬行空，都是鏡花水月，都是不著實際的花拳繡腿，永遠都是太極門中的臣子。

第十九章　　想推用意終何在

　　想推，是倒裝句，想推就是推想，整句之意，就是說推究思索練太極拳的最終用意，最終目標到底是在哪裡？在於「益壽延年不老春」，這是作者自問自答的一種寫作敘述技巧。

　　「想推」或作「詳推」，是詳細推求之意，遣詞用字雖異，意思大致是一樣的。

　　太極拳或其他武術，都有其終極用意，終極目標，而其共同的用意目標，是離不開「益壽延年不老春」的。

　　除了益壽延年不老春之外，太極拳要推求探索的東西有三，「勁」、「用」、「美」。

1. 勁

　　就是內勁，是氣的養蓄斂聚而成就，是意志力與恆心耐力的磨練堆積而成，那些玩票式的、那些公子哥兒們、那些娘娘腔們、那些文人式的推崇者，都無法成就太極內勁功夫，只有大丈夫氣概的男子漢，依恃堅強超拔的意志，堅忍卓絕的耐心，終而能超越太極的巔峰。

2. 用

是用法，任何武術，任何技藝，它的修學磨練，都是為了「用」法而鋪路，太極追求的內勁，也是為了「用」，有了這個「用」的遠程目標，所有的磨練學習才有它的深意，如果沒有「用」這個目標，而單指向「益壽延年不老春」，那麼，太極拳的修煉價值將會有所貶抑，太極拳將會變成普通運動的把式。

太極拳的「用」法有：

①**推手**：太極八法，掤、捋、擠、按、採、挒、肘、靠都是太極特有的用法，透過沾連黏隨增進皮膚神經觸感的敏銳，透過氣的沉斂蓄積成就內勁，由著熟而能聽勁進而懂勁而階及神明。

②**散手**：就是實戰搏擊，有人大力駁斥實戰搏擊，尤其是那些文人式的太極推崇者，認為這是武夫、莽夫的行逕，但是，如果有一天不幸被惡霸揍的鼻青臉腫，或是失去了生命，這時還有甚麼「益壽延年不老春」可談，命都丟了，哪裡還有益壽延年呢？

散手是推手的進階，如果沒有推手的沾連黏隨功夫，如果沒有推手的聽勁懂勁功夫，那個散手都是毫無章法的街頭幹架玩意兒，不在功夫的層面裡頭。

3. 美

是藝術的呈現，太極之美，涵蓋肢體之美，內勁的剛柔之美，與氣的流行鼓盪之美，是內外兼具之美，不是虛有其表的體操之美，它不只具有觀賞價值，還有實用之內涵。

第二十章　益壽延年不老春

益壽，就是長壽而且得到健康的益處，如果長壽而不健康，那是一種累贅，如果年紀一大把，卻滿身是病，這是一種痛苦，沒有得到長壽的效益。

延年，是把年齡往後延續、延長，也是長壽的意思。

不老春，永遠青春而不老。人最怕老，老了，皮膚皺了，毛髮沒有光澤了，視顧也茫茫了，毛病一樣都不缺，這是年老的悲哀。

春是生長、生機，是生生不息的意思。不老就是不衰老，人不可能不衰老，但是透過太極拳的修煉，可以使衰老遲緩，使老化現象暫時凍結。

很多人是蠻有才華的，但壽命不長，無法貢獻心力給社會國家，是很可惜的事。但是如果壽命長，身體也健康，卻無所事事，像個行屍走肉，這樣的益壽延年會有什麼意義呢？

長壽應該是為了貢獻更多的心力給人群，也可以說長壽不只是利己，還要利人，廣義的說，是使更多的人得到修煉太極拳的利益。

第二十一章　歌兮歌兮百四十

　　十三勢歌，是一種七字詩歌，這歌是可用來唱頌的，故謂「歌兮歌兮」；百四十，從十三總勢莫輕視到意壽延年不老春，總共二十句，每句七字，計為百四十字。

　　作者用「歌兮歌兮」為遣詞用字，內心是涵蘊著甚多甚深的敦促與教誨的，他把自己修煉太極拳的實證心得，毫無保留的剖析開來，沒有絲毫的隱藏。

　　這百四十字，是修學太極拳的指標，如果能夠悟透這百四十字，認真老實的修煉，要成就太極拳的微妙武功，似乎不是一件困難的事了。

第二十二章　字字真切意無遺

　　這一百四十字，每一字都是真實切要的，而且對於太極拳之意涵的敘述，是沒有絲毫的遺漏。

　　這是原作者的剖腹之言，他已經把修煉太極拳的訣要，毫無保留的告訴後輩學人。

 第二十三章　若不向此推求去

這是作者語重心長的敦敦教誨，他說，如果學習太極拳不向這「十三勢歌訣」所敘的去推究、探索、尋思，就會落得「枉費工夫貽歎息」的下場。

第二十四章　枉費工夫貽歎息

工夫，就是時間。貽字通遺，是遺留之意。

作者告誡後輩學人，學習太極拳如果不向這「十三勢歌訣」所敘的去推究、探索、尋思，就會冤枉的花費很多時間，而留下無謂的歎息。

❖ 作者小檔案 ❖

　　蘇峰珍，1948 年生於臺灣，高雄鳳山。自幼喜愛武術，苦無機緣學習。1980 年與林師　昌立先生，學習形意、八卦、太極，歷二十餘年之久，為入室弟子，排行第二。同門中，練拳最為精勤，從無間斷，為林師所賞識，而盡得其傳。

　　1982 年至 1992 年參加高雄縣市、臺灣省，及中華民國推手比賽，常名列冠、亞軍，為師門爭光。

　　1994 年取得省市級太極拳教練證及中華民國國家級太極拳教練證，經林師認可，開始授拳。

　　2008 年參加美國「新唐人電視台」舉辦第一屆「全世界華人武術大賽」，榮獲第三名。其著作有《太極拳行功心解詳解》、《內家拳武術探微》、《太極拳經論透視》等。

〔蘇峰珍內家拳武術部落格〕
http://blog.xuite.net/sfj502/twblog

太極武術教學光碟

太極功夫扇
五十二式太極扇
演示：李德印 等
(2VCD)中國

夕陽美太極功夫扇
五十六式太極扇
演示：李德印 等
(2VCD)中國

陳氏太極拳及其技擊法
演示：馬虹(10VCD)中國
陳氏太極拳勁道釋秘
拆拳講勁
演示：馬虹(8DVD)中國
推手技巧及功力訓練
演示：馬虹(4VCD)中國

陳氏太極拳新架一路
演示：陳正雷(1DVD)中國
陳氏太極拳新架二路
演示：陳正雷(1DVD)中國
陳氏太極拳老架一路
演示：陳正雷(1DVD)中國

陳氏太極拳老架二路
演示：陳正雷(1DVD)中國
陳氏太極推手
演示：陳正雷(1DVD)中國
陳氏太極單刀・雙刀
演示：陳正雷(1DVD)中國

郭林新氣功
(8DVD)中國

本公司還有其他武術光碟
歡迎來電詢問或至網站查詢
電話：02-28236031
網址：www.dah-jaan.com.tw

原版教學光碟

歡迎至本公司購買書籍

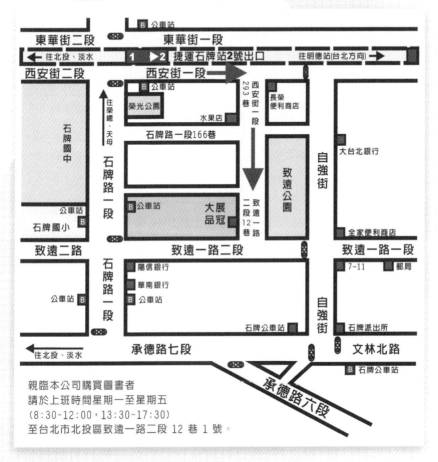

親臨本公司購買圖書者
請於上班時間星期一至星期五
（8：30～12：00，13：30～17：30）
至台北市北投區致遠一路二段 12 巷 1 號。

建議路線

　1.搭乘捷運、公車

　　淡水線石牌站下車，由石牌捷運站 2 號出口出站（出站後靠右邊），沿著捷運高架往台北方向走（往明德站方向），其街名為西安街，約走100公尺（勿超過紅綠燈），由西安街一段293巷進來（巷口有一公車站牌，站名為自強街口），本公司位於致遠公園對面。搭公車者請於石牌站（石牌派出所）下車，走進自強街，遇致遠路口左轉，右手邊第一條巷子即為本社位置。

　2.自行開車或騎車

　　由承德路接石牌路，看到陽信銀行右轉，此條即為致遠一路二段，在遇到自強街（紅綠燈）前的巷子（致遠公園）左轉，即可看到本公司招牌。

國家圖書館出版品預行編目資料

太極拳經論透視 / 蘇峰珍 著
—初版—臺北市：大展，民 103.03
面；21 公分—（武學釋典；15）
ISBN 978-986-346-008-4（平裝）
1. 太極拳

528.972　　　　　　　　　　102028098

太極拳經論透視

著　　者／蘇　峰　珍
責任編輯／孟　　甫
發 行 人／蔡　森　明
出 版 者／大展出版社有限公司
社　　址／台北市北投區（石牌）致遠一路 2 段 12 巷 1 號
電　　話／(02) 28236031・28236033・28233123
傳　　真／(02) 28272069
郵政劃撥／01669551
網　　址／www.dah-jaan.com.tw
E-mail ／service@dah-jaan.com.tw
登 記 證／局版臺業字第 2171 號
承 印 者／傳興印刷有限公司
裝　　訂／眾友企業公司
排 版 者／千兵企業公司
初版 1 刷／2014 年（民 103）　3 月
初版 2 刷／2018 年（民 107）　11 月

定價／220 元

大展好書　好書大展
品嘗好書　冠群可期

大展好書　好書大展

品嘗好書　冠群可期